读者丛书

DUZHE CONGSHU

中 国 梦 读 本

写给幸福

读者丛书编辑组 / 编

读者出版传媒股份有限公司
甘 肃 人 民 出 版 社

甘肃 · 兰州

图书在版编目（CIP）数据

写给幸福 / 读者丛书编辑组编. -- 兰州 : 甘肃人民出版社，2018.5（2024.12重印）
（读者丛书. 中国梦读本）
ISBN 978-7-226-05278-5

Ⅰ. ①写… Ⅱ. ①读… Ⅲ. ①中国特色社会主义－社会主义建设模式－通俗读物 Ⅳ. ①D616-49

中国版本图书馆CIP数据核字(2018)第095713号

项目统筹：李树军　党晨飞
策划编辑：党晨飞
责任编辑：马元晖
封面设计：装帧設計 Mobile:13693001197

写给幸福
XIE GEI XINGFU
读者丛书编辑组　编
甘肃人民出版社出版发行
（730030　兰州市读者大道 568 号）
三河市富华印刷包装有限公司印刷
开本 710毫米×1000毫米　1/16　印张 15.75　插页 2　字数 233 千
2018年7月第1版　2024年12月第7次印刷
印数：29 641~34 640
ISBN 978-7-226-05278-5　定价：69.00元

目　录

CONTENTS

随风吹笛

林清玄

从远远的地方吹过来一股凉风。风里夹着呼呼的响声。侧耳仔细听，我确定那是笛子的声音。

什么人的笛声可以穿透广大的平野？而且天上还有雨，它还能穿过雨声，在四野里扩散。

我站的地方是一片乡下的农田，左右两面是延展到远处的稻田，我的后面是一座山，前方是一片麻竹林。音乐显然是来自麻竹林，而后面的远方仿佛也有回响。

竹林里是不是有人家呢？小时候我觉得所有的林间，竹林是最神秘的，尤其是那些历史悠远的竹林。因为所有的树林再密，阳光总可以毫无困难地穿透，唯有竹林的密叶，有时连阳光也无能为力；再大的树林也有规则，人能在其间自由行走，唯有某些竹林是毫无规则的，有时走进其间就迷途了。因此，自幼父亲就告诉我们“逢竹林莫入”的道理，何况有的竹林中是有乱刺的，比如刺竹林。

这样想着，我本来要走进竹林的脚步又迟疑了，在稻田田埂上坐下来，独自听那一段音乐。我看天色尚早，离竹林大约有两里路，遂决定到竹林里去走一遭——我想，有音乐的地方一定是安全的。

等我站在竹林前面时，整个人被天风海雨似的音乐震慑了，它像一片乐海，波涛汹涌，声威远大，那不是人间的音乐，竹林中也没有人家。竹子本身就是乐器，风是指挥家。我研究了很久才发现，原来竹子淋过了小雨，上面有着水渍，互相摩擦便发生尖利如笛子的声音。而上面满天摇动的竹叶间隙，即使有雨，也阻不住风，发出许多细细的声音，配合着竹子的笛声。

每个人都会感动于自然的声音，譬如夏夜里的蛙虫鸣唱，春日清晨雀鸟的跃飞歌唱，甚至刮风天里滔天海浪的交响。凡是自然的声音没有不令我们赞叹的，每年到冬春之交，我在寂静的夜里听到远处的春雷乍响，心里总有一种喜悦的颤动。

我有一个朋友，偏爱蝉的歌唱。孟夏之时，他常常在山中独坐一日，为的是听蝉声。有一次他送我一卷录音带，是在花莲山中录的蝉声。送我的时候已经是冬天了，我在寒夜里放着录音带，一时万蝉齐鸣，冷漠的屋子里像是有无数的蝉在盘飞对唱，那种惊艳的美，有时不逊于在山中听蝉。

失去对自然声音的感悟的人是最可悲的，当有人说“风景美得像一幅画”时，境界便低了，因为画是静的，自然的风景是活的、动的。而除了目视，自然还提供各种声音，这种双重的组合才使自然超拔出人所能创造的境界。世上有无数艺术家，都是从自然中吸取灵感，但再好的艺术家，也无法完全捕捉自然的魂魄，因为自然是有声音、有画面的，还是活的、时刻都在变化的，这些全是艺术达不到的境界。

最重要的是，再好的艺术一定有个结局。自然是没有结局的，明白了这一点，艺术家就难免兴起“念天地之悠悠，独怆然而涕下”的寂寞之感。人能绘下《长江万里图》，令人动容，但它永远不可能如长江的真情实景那般令人感动;人能录下蝉的鸣唱，但那永远不能代替美丽的蝉在树梢唱出的动人歌声。

那一天，我在竹林里听到竹子随风吹笛，竟忘记了时间的流逝，等我走出竹林，夕阳已徘徊在山谷。雨已经停了，我却好像经过一场心灵的沐浴，把尘俗都洗去了。

我感觉到，只要有自然，人就没有自暴自弃的理由。

（摘自《读者》2021 年第 2 期）

一辈子的活法

王　蒙

我喜欢生活，我喜欢日子。在我写《青春万岁》的同时，我也喜欢说“生活万岁”！生活是无法剥夺的，夸张的与自恋的张牙舞爪，抵不住平常心的一行小诗，一杯清茶，一首小曲。

我自磨豆浆，每逢磨好煮沸，我与我的大孙子就大喊大叫“喝豆浆啦”！叫院落里所有的人一起喝，一边喝一边感觉到营养与精力正随着豆浆进入口腹，进入血脉，进入肌肉与骨骼。

我排队买炸油饼，并趁机与诸邻里寒暄。

我每天都要找机会在东四三条的自由市场来回走那么几次，购买蔬菜、鱼肉与其他副食。拐到二条处有一家个体书店，名为“修齐治平”，我去过一次，立即被店主认出，多有交谈。

我喜欢自己去邮局和银行办事。我愿意排排队，听听交谈，看看邮局与银行的业务员们是怎样工作的，体会一下日常的生活。作家中杰英找我在小院近处吃爆肚，我去了。他又约我凌晨去东郊钓鱼，我喜睡觉，没有下这个决心前往。

一天早晨我购买炸油饼回来，碰到英若诚骑车经过，他是拿着小锅来买面茶的，那时他家住在朝内南小街。面茶是糜子面做的，加上芝麻、胡椒盐与芝麻酱，美味至极。

我相信北京的小康生活的定义是喝得上面茶与豆汁，吃得上驴打滚与艾窝窝。

我每年都要找机会坐两次公共汽车，眼看着车子的质量与设备越来越好，车上的年轻人越来越时尚与大胆，票价越来越贵，觉得人生真是风光无限，前景无限。

20 世纪 90 年代中期，我们家安装了两台空调，有高消费之感。至于冰箱与洗衣机不但早就有了，而且更新过了。所以要更新，都不是机器的问题而是我们使用上的问题。济南产的什么小鸭牌洗衣机，根本没有坏，不知道自来水龙头被谁关上了，我自作主张换了新的，把旧机当废品卖了。而一台日立牌冰箱，由于我放置的地方冬季太冷夏季太热，不符合它的工作环境要求而报废。

我的家与此期间中国城市的许多家庭一样，进入了家用电器飞速发展时代。电视屏幕越来越大，音响质量越来越高，微波炉、电磁灶、电烤箱、各种影像产品一应俱全。等到有了这些以后，才想通了：这又算什么呢？这样普通……怎么会羡慕别人的家用电器呢？这就是所说的发展是硬道理呀。而那些侈谈精神的人，他们有什么权利轻视对于普通人的物质要求的关怀与满足？

我注重锻炼身体，每周至少游泳两次。有一阵天天起早去景山，可惜未能坚持长久。只是有一次大雪，一人独游雪中北海公园，太棒了。

有两年，我经常去首都剧场看文化部为离退休干部放映的电影新片，有两三部描写毛主席的片子，我看得泪眼蒙眬。还有一批美国的警匪片，看得我走火入魔，我写了一篇文章，并提出了“虎头蛇尾是万事万物的规律”的命题。

人生就是这样，有时闲适，有时忙累。

我就此想起了毛主席谈粮食问题时所说的“忙时吃干，闲时吃稀”的话，吉林话剧团演一出农村喜剧《啊，田野》的时候，硬让一批长寿老农民接受记者采访，介绍养生经验的时候加上了一句："不忙不闲时吃半干半稀……"

如果我总结我的一生，总结我的活法，不如就干脆写："此人忙时吃干，闲时吃稀，不忙不闲时吃半干半稀……"

（摘自《读者》2012 年第 2 期）

当你心里充满了爱

陈丹燕

那天，我兴冲冲地放学回家，一推开阁楼的门，就看见爸爸哈着腰在往红箱子里放衣服，大柜门开着，他们的那一格又空了。听见动静，爸爸猛地抬起头，紧张地冲我咧嘴笑笑。

爸爸妈妈又要走了。

我在长沙发上坐下来。弹簧坏了，我一下子陷得好深。心里乱糟糟的。

爸爸妈妈大学一毕业就跟着地质队到北方那些少人烟的大山里找矿，他们是非常能干的人。妈妈生下我不久，就把我放到奶奶的阁楼里，和爸爸一起跑到大山里去了。每逢爸爸妈妈写信来，都是爷爷念信，奶奶搂着我听，读到最后，爷爷笑眯眯地对我说："你爸爸妈妈说亲亲你呀！"这时，奶奶就会低下头亲我一下，我立刻闻到一股厨房里的油烟味。

爷爷奶奶对我真好，可是去年，爷爷跌了一跤，死了。今年，奶奶也躺在旁边的大床上去世了。

爸爸妈妈却回不来。他们在队里是主力，正好发现了矿苗，得勘察完。

我和大伯大妈过。大妈有个小女儿叫小荣，她很漂亮，也很小气。有次我放学走过阁楼下面她们的大房间的时候，看见她把大妈买的苹果藏到衣柜里。

大妈不喜欢我，我很孤单。

我一个人住在爷爷奶奶原先住的阁楼上。爷爷奶奶的大床空了。天花板上有一扇大大的窗，从窗口我能看到星星。

爸爸妈妈总算回来了，他们处理好奶奶的骨灰盒，住了几天，就要走了。

我坐在写字台前，一缕阳光从天窗上照下来，突然一只大手在我眼前晃了晃，我定睛一看，是爸爸。“阿丹，不是生气了吧?”爸爸说。

“噢，我没生过气。”我最不喜欢求人家，要走就走好了。

楼下传来妈妈和大妈说话的声音，妈妈说假期满了得按时回去，把我托给大妈照顾，等考中学了，就考寄宿的学校。妈妈诚惶诚恐地谢着大妈，拜托大妈，大妈满嘴说阿丹就和小荣一样，全包在她身上。我可不明白她为什么这么说，骗人的，还说得像真的一样。

妈妈忙不迭地说谢谢，好像还留了些东西给大妈，然后走上楼来。她像小姑娘似的，一点看不出大妈是不是喜欢我，真笨!

爸爸赶紧迎了出去。

爸爸妈妈在门外面嘀嘀咕咕。

妈妈推着门，锈了的门吱地叫一声，把她吓了一跳。她踮脚走进来，爸爸小心翼翼地跟在后面。

大妈在楼下厨房里烧菜，铁锅哗啦哗啦真响。我下楼去走走。街上每个人都急急忙忙地往回赶，一个妈妈一手领着个小女孩，一手拎着满篮菜，兴冲冲地走，还对小女孩说：“今天妈妈给你做生日面吃!”

等我回家的时候，在楼梯口看见小荣在哭，大妈在摔摔打打地摆饭桌。我问小荣怎么了，小荣红着眼睛狠狠地瞪了我一眼，说：“不要你管!”

大妈说："你妈给你买了两件滑雪衫，小荣一件也没有，就不高兴了。"

小荣砰的一声踢上门走了。

走上楼梯，门掩着，从门缝里，我看见爸爸妈妈坐在一大堆红红绿绿的衣服旁边，爸爸垂着脑袋，妈妈缩着肩。

"孩子将来一定会对咱们没感情。"妈妈说。

"别胡说。阿丹是个明白孩子。"爸爸说。

妈妈忧伤地摆着头："要我是阿丹，我也恨。阿丹真可怜。"

"咱们晚两天走吧。"爸爸说。

"我觉得咱们真不好，买这些东西来，认为就能替我们照顾阿丹了。"妈妈摸着满床的衣服，抖落出一条白纱裙。啊，真漂亮，小荣就有一条。

他们舍不得我，他们知道我不想让他们走。到底是我的爸爸妈妈呢。我妈妈心眼挺好，爸爸那么高，也垂头丧气的，挺可怜。他们比大妈好多了。

我推门进去，不知怎么办好，我不敢看爸爸妈妈，直着声音说："下次吃饭，别等大妈叫。"

我觉得其实我心里不想说这句话。

晚上睡觉了，我躺在长沙发上，爸爸妈妈躺在大床上，他们心事重重的。我想想又要孤零零一个人在爷爷奶奶的空床上睡，有点伤心。但也有点暖洋洋的，因为我一伤心，爸爸妈妈也心事重重的，他们爱我、疼我。

妈妈轻轻叹了口气。

突然，地板缝里又传来小荣的哭声，她喜欢哭：别人有好衣服她没有，要哭；别人考得比她好，也要哭；大妈下班晚了，她没按时吃饭，又要哭起来。

小荣边哭边说："不要她在家，就不要。她又不是我家的人嘛！不要她！"

大伯低低地吼了一声，说什么，没听清。

大妈自怨自艾："怪我，怎么煞不下面子来。小荣，不要哭啦！"

"那让她妈妈领她好了！"小荣这句话一定是对大伯说的。

我听见妈妈在被子里抽了一下鼻子，爸爸重重地翻了个身。我悄悄朝他们看，看见妈妈把头蒙在被子里，轻轻抽泣起来。

妈妈为我哭了，她可以算是一个好妈妈。

爸爸妈妈终于还是走了，没有推后一天，他们心里挂着北方的大山，他们很有事业心。爸爸拖着红箱子走出家门的时候，妈妈把我拉到一边，悄悄地说："我们真对不起你，阿丹，委屈你了，爸爸妈妈争取早点回来，好吗?"

我很想说："好的，不要紧。"但嘴里光"咳"了一声，听起来好像我有多大仇恨一样。

妈妈一愣，又说："别恨我们，阿丹，爸爸和我都很爱你，真的。"

我很想说"我也是"，可是我说不出口。

他们走后，我后悔了许久，我觉着自己应该对他们说，我是爱他们的，还有佩服。

可是爸爸妈妈工作地点流动不定，没法收到我的信。我现在才明白过来，一个人，如果心里充满了对别人的爱，一定要说给他听，爱不应只在心里，要让这爱及时给别人带来快乐，别浪费了它。

（摘自《读者》2014 年第 2 期）

总会与一些美好相遇

王太生

尘封在岁月里的东西，总在某个时刻，呼啸而至。

老家具的前世，是一棵树，后来它被横平竖直地做成五斗橱柜或者雕花木床，纹路清晰。

外祖父在世时，曾买过一张桌子。那是他年轻时，看到有人在卖这张桌子，那个人不知什么原因，要搬一张桌子在大街上卖，兴许是遇到困难了，外祖父花10元买下了它。这张白果木做的桌子挺沉的，外祖父将大桌子顶在头上搬回家。

这张桌子在这之前已经在别人家四平八稳地待过好多年，那个人如果不是遇到绕不过去的坎，肯定是不会卖它的。

曾经摆过怎样的饭食，热气袅袅，老者、小孩围桌而坐，浅笑盈盈。抑或，一盏孤寂的青灯，照过粗茶淡饭，残羹冷炙。

那个人趴在桌子上哭过吗？或者，和我一样，在这桌子上铺一张光洁的纸，絮叨地写过什么？那个人高兴时，会击节而歌？或者，为某一件事而拍案发怒吗？

桌子能给人有依靠的安全感，卖掉它实在不忍心。我对这张未着油漆的桌子怀有深厚感情，不单单因为它有前世的沧桑，还因为它与我有过手足砥砺的一段尘缘。小时候，我把弹弓和玩具藏在桌肚子内的两张大抽屉里。夏天的夜晚，我在这张桌子上酣卧而眠。

与尘封在岁月里的东西相遇，是一种美好。

多年前，我的朋友张二的隔壁住着 90 多岁的刘奶奶。老人一个人生活，不能下床。张二老婆每天给刘奶奶端茶送水，还帮着洗衣服，做什么好吃的了，也要端给刘奶奶一碗。就这样，日子过得不疾不徐。有一天，刘奶奶喊住张二老婆，颤巍巍从床底下拿出一只大瓷盘子。刘奶奶说："张二媳妇啊，你照顾我这么多年，我也没有什么东西好送给你，就送你一只盘子吧，留作纪念。"没过多久，刘奶奶就去世了。刘奶奶送给张二老婆的，是一只清代粉彩瓷盘。盘子中间的花，色彩柔和淡雅，是一枝缠枝莲。

一张桌子，会留下一个人的心迹和吃饭时的表情。我有时会想起，外祖父年轻时买来那张大桌子，如果不是合适的人，在合适的时间相遇，那张桌子还不知道摆在谁家的中堂。

旧家具有一个人手指摩挲过的痕迹。外祖父在买这张桌子时，一定听到过那个人的际遇，他是起了同情心。

我又想到刘奶奶的那只大盘子，刘奶奶晓得自己在人世的时间已经不多了，她要把那只大盘子交给一个人，那个人能够爱它、懂它、珍惜它，有一颗感知人间草木冷暖的、悲悯的心。刘奶奶感激、感恩，便把大盘子送给了张二老婆。

人世间，总会有一些美好和你相遇。一件老旧的器具，一段悲喜交加的感情，遇上呵护它的人，才可能口手相传。

我在中年的深夜，常会听到老家具发出的脆响。我知道，那是我用了 20 多年的旧衣柜榫头收紧的岁月回声在和我说话。水分一点一点地蒸发，就像人一天一天老去。我舍不得丢下它，旧衣柜也离不开我。没有它，我的睡眠也不会这么踏实。

（摘自《读者》2014 年第 9 期）

最幸福的一句话

郑如晴

前几天收到一篇文章，说某电视台办了一个小型活动，征求最令女人感到幸福的一句话。应征的话语如雪片飞来，最终摘冠的是这一句："你躺着，我起来。"

原来，这句话背后有一段令人感动的故事。

一对白手起家的男女，男人为了养家，在外努力工作奔波；女人为了刚生下的多病孩子，产后未加休息，就扛起育儿持家的重任。晚上，累了一天的男人，回到家门前，一定先理理蓬乱的头发，然后精神抖擞去按门铃。女人听到熟悉的脚步声，也总是整理疲惫的仪容展开笑靥，到门口迎接男人。

她发现男人的秘密，更加心疼男人，夜里孩子哭闹时，不管怎么累，她立刻起身，怕吵到男人。男人也发现了女人的秘密，他更加细心地呵护女人。只要孩子一有动静，他立刻睁开眼，轻按着女人说："你躺着，我起来。"因为孩子有病爱哭闹，每晚男人都要重复这句话好多次。

颁奖当天，主持人讲完这个故事，只见一个白发苍苍的女人，牵着一个同样满头银丝的男人出现在观众面前。老婆婆已经热泪盈眶，她指着老伴说，故事里的男人是他，女人是自己。他们结婚几十年，至今想起他这句话，她心里还是暖烘烘的。

听完老伴的话，老先生张开无牙的嘴笑了，现场许多观众却哭了。

故事结束，却独不见那个终日生病，让他们没日没夜、苦心照料的孩子。

确实，这个故事抚慰了许多女人心，但同时可能也让许多身为女人的母亲失落。

我们很容易被白发夫妻鹣鲽情深感动，因为这种感情是经由患难、相互扶持得来的。一般人对“后天”磨出的感情更加珍惜，但对“天生”既得的亲情反而漠视，因为“不磨”即出。

这类爱情故事、情义篇章被到处传颂。多数人羡慕《诗经》中“生死契阔，与子成说；执子之手，与子偕老”的爱情，也常为动物对人的忠心不二而流泪。

我们都希望在感情上抓住一点古老的温情与感性，证明自己内心深处仍存在的纯真。因此，人间各种至情至性的文章，在这个处于裁剪拼贴的时空中，被到处转载流传。也让人感受到，冷漠的社会里，虽世态人情偶见发霉，但同时闪烁着微弱的光。

这些被用来代表人性温暖的篇章，偏偏甚少有子女对父母关爱与感恩的记述，与其说反映了子女对父母的忽视，毋宁更反映了社会视父母对子女的付出为理所当然。好像父母天生就是大树，禁得起生活的任何风霜磨难；父母本该坚强，受得起孩子任何的考验与忤逆。

科技越发达，亲子意识与双方对待关系上的艰难越显见，印证了我们旧有的亲子意识，已无法应付当下的要求。

当自己做了母亲，或当很多父母亲的顾问后，才深深体会到“可怜天下父母心”这句话背后的凄凉与无奈。

前阵子我出了一本新书，大致叙述融洽的亲子关系。但有些年轻朋友因此加以比较，自觉父母迂阔、难以沟通。我惊讶地发现“我虽不杀伯仁，伯仁却因我而死”，因此深觉有必要记录天下父母心之可怜可悯。

有次朋友聚会，坐在一旁的一位单身父亲郁郁寡欢，他竭尽所能送高中毕业的女儿出国读书，跟着女儿去学校报到，去宿舍替女儿打点一切，直到住的用的一切都没问题，才放心离开。临走前，他对着正在玩电脑的女儿说：“我要走了！”女儿头也不回，淡淡地说：“好！”他没有立刻离开，等了好一会儿，女儿没有任何反应，他只好尴尬地提起行李走了。坐公车去机场的路上，他心中有些难过，其实他很希望女儿送他到宿舍门口，但父亲的尊严，让他什么话都没说。

言毕，他神情落寞，问，为什么孩子对他一点依恋都没有？

另一位让人心有戚戚焉的母亲，是位十足捍卫女性主权的女权主义者。但面对儿子，她束手无策。前阵子为了改变亲子关系，暗中请来风水师，将宅第大门来个乾坤大转向，目的是让居住在外的儿子愿意回家，但大多时候儿子不喜欢回来。

她不知道儿子在想什么，很希望儿子能开口和她聊天。但每次碰面，问儿子最近在做什么，儿子总面无表情地回说没什么。最后她忍不住哀怨，乞求儿子说些近况，儿子仍旧简洁地说：就这样啊！

老实说，就上面那些例子，与其说父母关心孩子，不如说父母终究面对的是自己亲情的徒劳和被拒后的迷茫与错愕。

父母到底哪里不好？恐怕是劳心劳力一辈子的父母心中最大的疑惑和遗憾！

做父母的不过希望孩子能眷顾他们一下，哪怕一下下也好！

听闻太多父母卑微的心声后，不禁想为他们大声请命：“孩子！请爱我吧！”

这样热切的呼唤，多少年来折磨着父母，成为父母心中不断的渴求！坦白地说，父母没有变得愤世嫉俗或修成苦行者面目，算是大幸！

素来作家善于创作泯灭生死、超越时空的爱情故事，媒体喜欢报道夸大的爱情力量。如果，我是说如果，我们的电视台，也可以同样为父母要求“最幸福的一句话”，天下的儿女，我们到底会给父母什么样的故事？给父母一句最幸福的什么话？

父母不需要儿女太多的牺牲，只要一点点心意。现代的父母，也甚少要求什么乌鸦反哺、羔羊跪乳，顶多是要点亲情心灵上的抚慰而已。

如果，我们自认为对人类有很多的爱，对人性有许多的宽容，那么首先就给我们的父母一点点的爱吧！

（摘自《读者》2010 年第 8 期）

何时算幸福

铁　凝

去探望一位生病的友人，聊起很多从前的事情，她忽然发问：对于你来说，幸福的时刻是什么？

想了半天，竟然没有一个很适合的答案。

那阵子，经常携带这个难题去和人打交道，收获的答案也是五花八门——有人说，幸福的时刻就是加官晋爵时买房购车后身体无恙中；有人说最幸福的时刻就是父母双全、爱人平安、孩子快乐、领导待见、粉丝忠诚、仇人遭谴……都对，但都不打动我。

直到有一天陪朋友去见一位来自台湾的朋友，茶过三道，我忍不住继续兜售这个问题时，他微笑着给我一个意想不到的答案：

过去的事情来不及衡量是否幸福，将来的事情没必要揣测是不是幸福，所以，在你问我这个问题的时候，我能想到的幸福，就是用心享受面前的好茶，让此刻愉快的感觉更醇厚，而面前与我谈新叙旧的你们更是我的幸福之源。

生活中似乎有太多可以论证他这番话的例子。

曾经花了很多钱买过一件非常漂亮的衣服，因为太喜欢，所以舍不得穿。使用率太低，慢慢地也就忘记了自己有这样一件衣服。换季的时候，家人帮我整理衣柜时，才想起自己原来有过这样一件衣服，因为躲过了水洗日晒的蹉跎，它依旧崭新笔挺，但是款式却已经过时，讪讪地也是自责地把它小心包好继续收进柜底，回味起当初对它的喜欢，忍不住感叹那些快乐都成了落花流水。

很年轻很年轻的时候，曾经喜欢什么人，一点一滴，一颦一笑都让我有无尽的话想要表达想要歌颂。但总是怯于启齿，小心翼翼把那些心事静静地窝在心里，折叠得整整齐齐，幻想着总有一天，会勇敢地站在他的面前扑啦啦地全部抖开。等啊等啊，最终这些情愫就像一粒种在晒不到太阳缺乏雨露的泥土里的种子，只能腐烂在密不透风的土壤里。

没有在最喜欢的时候穿上美丽的衣服，没有在最纯粹的时候把这种纯粹表达出来，没有在最看重的时候去做想做的事情，以为将来会收获丰硕，结果全都变成小而涩的果。品尝这种酸涩时，我们唯一能做的就是自责：如果当初能多穿几次那件衣服，如果当初我有足够的勇气对他说……那会是多么幸福。

生命中的任何事物都有保鲜期，那些美好的愿望如果只能珍重地供奉在理想的桌台上，那么只能让它在岁月里积满灰尘。当我们在此刻感觉到含在口中的酸楚，也就应该在此刻珍重身上衣、眼前人的幸福。

（摘自《文摘报》2017年5月13日）

020 ·

有了感觉就幸福

海　岩

人活着，就是为了追求幸福。

可是幸福到底是什么？却似乎谁也说不清楚或者谁都说得清楚。

被病痛折磨的人说，健康就是幸福；为情所困的人说，有情人终成眷属就是幸福；渴望成功的人说，事业有成才是幸福。当然，还有更多的人认为拥有金钱就是幸福。

我想你我或许都会从以上答案中择一作答，所以，触动我们的是不一样的答案。

我一直对小时候的一位邻居印象深刻。那是一个女孩，每当她爸爸妈妈不在家的时候，她就老想给自己做吃的，今天煮点红豆，明天弄点山里红，煮啊加糖啊捣成泥啊地捣鼓，我看着就头大，她却乐此不疲，然后就特别兴高采烈，吃得非常开心！以前总不明白她哪来那么大的劲头儿，现在想想，这似乎是一种本能的幸福，孩提时代，她就懂得把生活享受得如此恣意!

家里曾经来过一位保姆，快40岁了，是亲戚从老家的农村介绍过来的，当她第一次见识到大城市的风貌时，兴奋得不得了，犹如刘姥姥进了大观园。起初，我不放心她一个人出门买菜。有一天，我就开车带她去菜场，走过一座横跨三条马路的天桥时，遇到了红灯，车流全都阻塞在那里。保姆瞪大了略带惊恐的眼睛，探头探脑地往外面瞧，回过头来望着我呼出一大口气说：“妈呀，你们这里的汽车怎么那么多啊，你看这大队排的，前不见头，后不见尾的，那么长哦。”我笑着问：“你们那儿的汽车很少啊?”“是哦，我们乡下，四个轮子的就是拖拉机啦，小车来一回人都稀罕得不行。”

那天晚上，保姆拘谨地告诉我想给家里挂个电话，我赶忙告诉她没问题。保姆对她老公说：“你知道我今天看到什么了?”“我看到了小汽车排队，好长好长的，望不到尾……”“嘿嘿，就是啊，人还是要出来哩，大城市里很多东西，家里都没见过的。”“等有钱了，你也来见识见识……”

我看着保姆那满足的神态，听着那近乎小孩子欢欣雀跃的语气，仿佛分享了她的幸福一样开心起来。

我问保姆：“到城市这段时间还习惯吗?”她使劲点头：“是哦，来到大城市认识了很多东西，所以很开心。”

“那在家乡，是不是过得不开心啊?”

“不是啊!”她想了一会儿，很肯定地说。

“家里那么穷，有什么值得开心的啊?”我疑惑地问。

“穷是穷，但也会穷开心啊!”她很快就回答了我，这勾起了我的好奇：“比如说呢?”

“你看吧，我们家里四姐妹，就我能小学毕业，一是我读得辛苦，二是父母疼我，愿意供；还有就是我和我老公打小就认识，你知道农村自由恋爱多不容易啊，不过他还是把我给娶回家啦；生了第一个孩子就是儿子，公婆对我也高看一眼；种的东西收成好啦；和老公打完架后他千方百计哄回我啦；儿子暑假帮我做买卖赚钱啦……说起来高兴的事情很多很多哦，哪能一下子都说得完呢？”

她的幸福对于我来说是这么简单和不可思议，但是望着她眼神里飘浮着的幸福，还有远望着窗外回忆时的专注，我相信她真的觉得幸福，没骗我！

幸福的临界点原来有这么多的，而我们总是从不同的起点去试图接近它。不是吗？谁能说清楚，小时候吃一块红烧肉的快乐和现在吃到一顿满汉全席得到的幸福感，哪种更强烈呢？

又想起一个让我思索了很久的笑话：有一位成功的商人带着儿子到一家餐馆用餐，餐馆里有一位琴师正在演奏，商人遗憾地说："当年我也练过琴，但后来选择了经商，如果选择了练琴，那么我今天就可以坐在钢琴边为大家演奏了。"儿子笑说："爸爸，如果你当年选择了练琴，那么你今天就没有机会坐在这里欣赏音乐了。"

不知道那位琴师心中会不会这样想：他当初要是选择经商有多好，现在就可以悠闲地坐在桌前一边享受美餐，一边聆听音乐了。

也许，幸福是什么的答案我们可以找到了：所谓幸福就是内心的一种感觉——相信自己是幸福的，珍惜自己所拥有的，不羡慕那些已经无法追逐到的或者是注定要失去的，珍惜此刻的，知道世间万物都是有可能给你带来快乐的……那么，幸福就一定会茂盛得如同春天那漫山遍野的花儿了。

（摘自 《读者》2007 年第 9 期）

火锅子

铁　凝

他和她站在窗前看雪，手拉着手。雪已经下了一个早晨，院子里那棵小石榴树好像穿起了白毛衣，看上去挺暖和的。

他 87 岁，她 86 岁。他是她的老夫，她是他的老妻。他一辈子都是由着她的性儿，由着她管家、由着她闹小脾气、由着她给他搭配衣服、由着她年节时擦拭家里仅有的几件铜器和银器——一对银碗、两双银筷子、一只紫铜火锅。

“这么好的雪天，我们应该吃火锅。”她提议。

“那就吃。”他拉着她的手响应。

他们就并排坐在窗前的双人沙发上等田嫂。田嫂是家里的钟点工，一星期来两次，打扫卫生、采购食品，今天恰好是田嫂上门的日子。雪还在下，他们却不担心田嫂让雪拦住。他们认识田嫂二十多年了，她是一个实在而又利索的寡妇。

田嫂来了，果然是风雪无阻。他们两人抢着对田嫂说今天要涮锅子。田嫂说：

“老爷子、老太太好兴致。”

她说：“兴致好，也得有好天衬着。”

田嫂说：“天好哪里敌得过人好。瞧你们老两口，一大早就手拉着手了，倒让我们这做小辈儿的不知道怎么回避呢。”

他们俩由着田嫂说笑，坐在沙发上不动，也不松开彼此的手。

其实田嫂早就习惯了老爷子、老太太手拉手坐着，从她认识他们起，几十年来他们好像就是这么坐过来的。他们坐在那儿看她抹桌子、擦地，给沙发和窗帘吸尘，把买回来的肉啊、蛋啊、蔬菜啊，分门别类地储进冰箱。遇上天气晴朗，田嫂也会应邀陪他们去商店、超市。老爷子在这些地方逛着逛着就站住脚，对老太太说：“挠挠。”他这是后脊梁痒了，老太太这时才松开老爷子的手，把手从他的衣服底下伸进去，给他挠痒痒。田嫂闪在一旁只是乐。他们和田嫂不见外，却没有想过请她做住家保姆，或者请她以外的什么人进家。田嫂知道，他们甚至并不特别盼着4个孩子和孩子们的孩子定期来看望他们。那仿佛是一种打扰，打扰了他们那永不腻烦、永不勉强的手拉手坐着。每回孩子们来，老爷子、老太太总是催着他们早点走。“这是哪辈子修来的！”田嫂叹着，一边觉出自己的凄凉孤单，一边又被这满屋子的安详感染。

他催着田嫂去买羊肉，她嘱咐田嫂把配料写在纸上省得落下哪样。田嫂从厨房拿出一张折叠整齐的白纸展开说：“上回买时都记下啦，我念念你们听听。”无非是酱豆腐、卤虾油、韭菜花、辣椒油、花椒油、糖蒜、白菜、香菜、粉丝、冻豆腐……田嫂念完，老爷子说：“芝麻酱你忘了吧？”老太太说：“芝麻酱家里还有半罐子呢。”老爷子又说：“还有海带，上回就忘了买。”田嫂答应着，把海带记在纸上。

田嫂就忙着出去采购。出门前不忘从厨房端出那只沉甸甸的紫铜火锅，安置在客厅兼餐厅的正方形饭桌上，旁边放好一管牙膏和一小块软抹布。这是老太太的习惯，时不时地，她得擦擦这只火锅。隔些时候没擦，就觉得对不起它。上一回吃了涮锅子，她还没擦过它呢，有小半年了。上一回是为了欢迎没见过面的孙媳妇，老爷子、老太太为他们准备了涮锅子。

他见她真要擦锅，劝阻说："今天可以不擦，就两个人。"

她说："唔，两个人吃也得有个亮亮堂堂的锅。"说着从沙发上起身坐到饭桌旁边，摸过桌上的抹布，往抹布上挤点牙膏，用力擦起锅来。

他也凑过来坐在她对面看她擦锅。锅可真是显得挺乌涂，也许是他的眼睛乌涂。他的眼睛看着火锅，只见它不仅没有光泽，连轮廓也是模糊一团。他和她都患了白内障，他是双眼，她是右眼。医生说他们都属于皮质性白内障，成熟期一到就可以手术。他和她约好了，到时候一块儿住院。

她擦着锅盖对他说："你看，擦过的这块儿就和没擦过的地方不一样。"

他感受着她的情绪附和着说："就是不一样啊，这才叫火锅！"他俩都喜欢吃火锅，因为火锅，两个人才认识。20 世纪 50 年代初，他们正年轻，周末和各自的同事到东来顺涮锅。那时有一种"共和火锅"，单身的年轻男女很喜欢。所谓"共和"，就是几个不相识的顾客共用一只火锅，汤底也是共用的。锅内拦出若干小格，吃时每人各占一格，各自涮各自点的羊肉和配菜。锅和汤底的钱按人头分摊，经济实惠。那时候的人相对更单纯，陌生人同桌同锅也互不嫌弃，"共和"着一只大锅，颇有四海之内皆兄弟之气象。那天他挨着她坐，吃完自己点的那份肉，就伸着筷子去夹她的盘中肉，她的盘子挨着他的盘子。他不像是故意的，她也就不好意思提醒。可是他一连夹了好几筷子，她的一位男同事就看不惯了，用筷子敲着火锅对他说："哎，同志，这火锅是'共和'的，这肉可是人家自己的！"同桌的人笑起来，他方才醒悟。

她反倒因此对他有了好感，就像他对她同样有好感。后来他告诉她，那天他在她旁边一坐，他的心就慌了。她追问他，是不是想用吃她盘子里的肉来引起她的注意？他老实地回答，没想那么多，他也不知道自己怎么了。他们开始约会，她知道他是铁路工程师，怪不得有点呆；他知道她在一个博物馆当讲解员，怪不得那么伶牙俐齿。后来他们就成了一家人。在她的嫁妆里，除了一对银碗、两双银筷子，还有一只紫铜火锅。

紫铜火锅是她姥爷那辈传下来的。姥爷家是火锅手艺人，从前他们家手工打制的火锅专供京城皇宫。这只火锅，铜是上好的紫铜，光泽是那么油润而不扎眼。她没事就把它搬出来擦擦，剪一块他穿糟了的秋衣袖子，蘸着牙膏或者痱子粉擦。她是个爱干净的人，能用猪皮把蜂窝煤炉子的铸铁炉盘擦成镜子，照得见人影儿。当她神情专注地擦着火锅时，家里的气氛便莫名地一阵阵活跃，他的食欲给调动起来，仿佛就要开始涮锅子了。

她真给他做过涮锅子，没肉，涮的是虾皮白菜，蘸酱油。他们结婚以后遇到了食品匮乏的年代，总是缺油少肉，副食品供应也要凭证凭票。平常人家，很少有人真在家中支起火锅涮肉——去哪儿找肉呢？8 年间他们生了 4 个孩子，更需处处精打细算。但是他爱吃她给他做的虾皮涮白菜或者白菜涮虾皮，当他守在那热腾腾的开水翻滚的火锅边时，心就先暖了，他常常觉得是家的热气在焐着他。家里一定要有热气，一只冒着热气的锅，或者一个锃亮得可以直接把冷馒头片摆上去烤的蜂窝煤炉盘，都让他感到温厚的依恋。只是他不善言辞，不能把这种感觉随时表述给她。他认真地往火锅里投着白菜，她则眼疾手快地在滚沸的开水里为他捞虾皮。一共才一小把虾皮，散在锅里全不见踪影。可她偏就本领高强，大海捞针一般，手持竹筷在滚水里捕捉，回回不落空。当她把那线头般的细小虾皮隔着火锅放进他的碗里时，他隔着白色的水汽望着她，顶多说一句："看你！"

有时候，他也想把火锅里的精华捞给她吃，虽然充其量只是几个虾皮。但他手笨，回回落空。仅有一次他的筷子钳住个大家伙，捞出水面看看，不过是一颗红褐色的大料。她叫他把大料放回锅里，一锅白开水就指着它提味儿呢。他就不再和她比赛捞虾皮了，他心满意足地吃着虾皮白菜，忽然抬起头冒出一句："我老婆啊！"

他知道这一生离不开她，就像她从来也没想过离开他一样。一辈子，他们只分开过有数的几回，包括她生 4 个孩子的那 4 次住院，还有他在那场声势浩大的革命中，被送到西北深山里劳动的一年。后来他和一批同事提前回到城市，他们被编入一个科研攻关组，为铺设北京第一条地铁效力。

田嫂回来了，羊肉、调料样样齐备。她一头钻进厨房，该洗的洗、该切的切，眨眼间就大盘小碟地摆出一片。她把那些盘盏依次从厨房端出来，端上老爷子、老太太守着的餐桌，绕着桌子中央的大火锅码了一圈，众星捧月一般。接着，田嫂还得先把火锅子端走——老太太擦得满锅牙膏印，得冲洗干净。田嫂在厨房的水龙头下冲洗着火锅，发现这锅并没有像从前那样被老太太擦得锃亮，锅身明一块暗一块的，锅脚干脆就没有擦到，边边沿沿，渍着灰绿色的铜锈。想到老人的眼疾，田嫂心想，真难为她了。那边老太太又问锅擦得亮不亮，如同孩子正等待大人的褒奖。田嫂打算撒个小谎，高声应答说："亮得把我都照见啦！把我脸上的黄褐斑都照见啦！"他和她听见田嫂的话，呵呵笑起来。

续满清水，加了葱、姜、大料和几粒海米的火锅又让田嫂端上饭桌，只等清水咕嘟咕嘟滚沸，涮锅子就正式开始了。他和她欢悦地看着桌上的火锅和火锅周围的盘子，尽管那火锅在他们眼里绝谈不上光芒四射，但田嫂的形容使他们相信那锅就像从前，几年、几十年前一样明亮。田嫂则"职业性"地偏头看看火锅的炭口，炭火要旺啊。这一看，"哎哟喂！"田嫂叫了一声，真是忙中出错，她忘记买木炭了。

这让老爷子、老太太有点扫兴，可他们又都不打算退而求其次——去搬孙媳妇送的一只电火锅。田嫂也没打算动员他们使用电火锅，就为了已经端坐在桌上的这只明一块、暗一块的紫铜火锅，她也得冒雪再去买一趟木炭。就为了老爷子和老太太的心气儿，值！

"等着我啊，一会儿就回来。"田嫂像在嘱咐两个孩子，一阵风似的带上门走了。

他和她耐心地等着田嫂和木炭，她进到厨房调芝麻酱小料，他尾随着，咕咕哝哝地又是一句："我老婆啊。"

他一辈子没对她说过缠绵的话，好像也没写过什么情书，但她记住了一件事。大女儿一岁半的时候，有个星期天他们带着孩子去百货公司买花布。排队等交钱时，孩子要尿尿，他抱着孩子去厕所，她继续在队伍里排着。过了一会儿，她忽然觉得有人在背后轻轻拨弄她的头发。她小心地回过头，看见他抱着女儿站在身后，是他在指挥着女儿的小手。那就是他对她隐秘的缠绵，也是他对她公开的示爱。如今他们都老了，浑身都是病。他们的听觉、味觉、嗅觉和视觉都在慢慢地退化。但每次想起半个多世纪前的那个星期天，她那已经稀疏花白、缺少弹性的头发依然能感到瞬间的飞扬，她那松弛起皱的后脖颈依然能感到一阵温热的酥麻。

一个多小时之后，田嫂又回来了，举着购物袋说："木炭来了，木炭来了。"

火锅中的清水有了木炭的鼓动，不多时就沸腾起来。田嫂请老爷子、老太太入席，为他们掀起烫手的锅盖。他们面对面地坐好，不约而同地看了一眼墙上的挂钟，朦朦胧胧的，仿佛是11点半了吧，要么就是12点半？他们心里怪不落忍，齐声对田嫂说："可真让你受累了！"

田嫂没有应声，早已悄悄退出门去。她心里明白，这个时候，老爷子、老太太身边别说多一个活人，就是多一只空碗，也是碍眼的。

他们就安静地涮起锅子。像往常一样，总是她照顾他更多。他们的胃口已经大不如前，他们对涮羊肉小料那辛、辣、卤、糟、鲜的味觉感受也已大打折扣。可这水汽蒸腾的锅子鼓动着他们的兴致。他们共同向锅中投入眼花缭乱的肉和菜。她捞起几片羊肉放进他的碗里，他就捞起一块冻豆腐隔着火锅递给她；她又给他捞起一条海带，他就也比赛似的从锅里找海带。一会儿，他感觉潜入锅中的筷子被一块有分量的东西绊住了，就势将它夹起。是条海带啊，足有小丝瓜那么长，他高高举着筷子说："你吃。"

她推让说："你吃。"

他把筷子伸向她的碗说："你吃。"

她伸手挡住他的筷子说："你吃，你爱吃。"

他得意地把紧紧夹在筷子上的海带放进她的碗里说："今天我就是要捞给你吃。"

她感觉被热气笼罩的他，微红的眼角漾出喜气。她笑着低头咬了一小口碗里的海带，没能咬动。接着又咬一口，还是没能咬动。她夹起这条海带凑在眼前细细端详，这才看清了，她咬的是块抹布，他们把她擦火锅的那块抹布涮进锅里去了。

他问她：“还好吃吧？”

她从盘子里捡一片大白菜盖住“海带”说：“好吃！好吃！”

她庆幸是自己而不是他得到了这块“海带”，她还想告诉他，这是她今生吃过的最鲜美的海味。一股热流突然从心底涌上喉头，她的喉咙发紧，什么也说不出来，就什么也没再说。

他又往锅里下了一小把荞麦面条，她没去阻拦。喝面汤时，他们谁都没有喝出汤里的牙膏味儿。

她双手扶住碗只想告诉他，天晴了该到医院去一趟，她想知道眼科病房是不是可以男女混住。她最想要的，是和他住进同一间病房。

雪还在下，窗外白茫茫一片。那棵小石榴树肯定不再像穿着毛衣，她恐怕是穿起了棉袄。

（摘自《读者》2015 年第 6 期）

爱一天，赚一天

辉姑娘

第一个故事

某个下午我约了一位朋友在咖啡厅聊天。这位朋友是商界著名人士，谈吐温文、举止优雅，人长得又帅，甚至登上过几次商业杂志的封面，我常打趣他是女人幻想中的钻石王老五。他也不负众望，身边永远不缺漂亮女伴，只是至今未安定下来，也算给众多竞争者留下希望的空间。

我们那天下午聊得很尽兴，咖啡就续了三杯。其间一个胖胖的女孩坐在不远处的角落里，一直目不转睛地看他。咖啡快喝完了，她就过来轻声地问他要不要续杯，比服务员还细心。偶尔我们聊到一些合作项目，他就招手叫女孩过来，她抱着本子迅速地记录着他的需求。

喝到第四杯咖啡时，那女孩又走过来，低声在他耳边说话。我隐约听得，大意是劝他不要喝这么多咖啡，以免晚上失眠。他随意地点点头又摆摆手，那女孩就很高兴的样子，叫服务员把咖啡换成了柠檬水。

我看得有趣，便问：“你助理?”

他点点头。

我仔细打量那胖女孩，实在是其貌不扬。“跟你多久了?”他有点儿茫然，努力回忆着：“四……不，五年吧？记不太清了。”“为什么会选择她?”我有些好奇。“做事认真拼命啊，人也挺机灵。用习惯了，离不开。”他笑起来，“我知道你在怀疑什么。拜托，我只是用她做助理，又不是跟她过日子。”想想也是。

朋友出去接个电话，大约是谈工作上重要的事，半晌未回。我无聊，就招手让那女孩过来，又示意让她坐下，说只是想跟她聊聊天。她也很高兴，大概枯坐了这么久也有些无聊吧。只是似乎还有些放心不下，不停地抬头看看门外。我笑道：“放心，他一时回不来。”她有些不好意思地说：“对不起，我习惯了。”我逗她：“你工作真努力，要不你来我这边做事？我给你双倍薪水!”她吓了一跳，几乎是立刻就摇头，下意识地回答：“不，谢谢。”我做出很受伤的表情，问她：“你老板到底给你开了多少工资？让你这么死心塌地?”她脸红了，笑着摇摇头。我还是没忍住，又借着玩笑提出疑惑：“还是他太有魅力了，你才不舍得?”她的脸红得更厉害了，却抿着嘴没吭声，也没否认。我更惊奇了，问道：“你喜欢他?”问完连自己都觉得唐突，她却很坦然地点了点头。

“嚯!”我惊讶极了，忍不住感叹一声，瞬间又觉得不该这样，连忙补救：“我的意思是……”她笑笑说：“我明白您的意思，没关系的，我知道自己条件很差，所以也从没抱什么奢望。何况……”她顿了一下，“他也都知道。”“他知道?”我有些发愣，这落花有意流水无情的窗户纸一旦被捅破，双方还能这么坦然？她点头道：“他看过那么多的仰慕和喜欢，我那点小心思，瞒不过他，我也没想瞒。”

“那你到底图什么?”她笑着摇头说：“什么都不图，每天这么看着他，我就很开心，忙到死都觉得开心。”“那他将来结婚了，你怎么办?”

她的目光有一瞬的黯然，“可能就离开了吧。”她说，“我早就想通了。在他身边多停留一分钟，自己就多快乐一分钟。人这一生追求的是什么？钱啊、权啊、爱情啊、家庭啊，不都是为了‘快乐’这个终极目标？对于我来说，在他身边的每一天都很快乐，这足够了。”

第二个故事

那天下午，我走进这间豪华私人病房时，忍不住暗暗心算了一下，在这里住一天的费用实在高得令人咋舌，而她已经住了整整三年。他坐在病房里，她坐在他身边白色的轮椅上。我知道他家颇有些积蓄，可是这笔开销，也实在是天文数字。我把带来的鲜花和水果放到一旁的桌上，轻声问：“还不打算出院？”他摇头说：“在这里她住得会舒服些。”

“可是……”我将目光投向轮椅上眼神呆滞的女人，“她应该很难清醒过来了吧？”

话说得残酷，却是现实。我眼看他的脸色变了变，却又渐渐平静下去。

她是他的母亲。

三年前，他陪她出门旅游，遭遇车祸，他左臂骨折，而她却因没有系好安全带被甩出车窗外，太阳穴正撞上一块石头，当场血流满面昏死过去。

那天他在急救室外面等，最危险的时候医生也说救不过来了，问要不要拔呼吸机。他坚决不肯，声称有一线希望都要救。等到母亲再醒来的时候，就是这副样子了，医生说，康复的可能性微乎其微。

我看出他心里难受，忍不住说他：“你这是何必呢？”他摇头说：“你们不懂。”

其实也未必一点儿不懂。

我知道他父亲在前几年因病去世，母亲是他在世上唯一的亲人，心中的依赖可想而知。

他说："你们每天都夸我工作光鲜，赚钱又多，脾气也好。却不知道我每天都觉得自己戴着面具，被老板骂，被同事挤对，像个假人一样。就连回家跟老婆说几句心里话，她也只会说，别烦我，我也很累！"

"活着有什么意义？只有回家跟我妈聊天的时候，我才是最开心的。她会给我做一碗我最喜欢的水果粥，听我唠叨、抱怨，甚至爆粗口骂那些经理，她从来不嫌我烦，而是听我说，安慰我……在她身边，我永远可以放松地做我自己。"

他的眼泪哗哗地淌下来："我舍不得她啊，她多在我身边待一天，就像偷来了一天。单单这样坐着，我就觉得自己还有个人样儿，哪怕付出再大代价我都心甘情愿。至少我可以告诉自己，在这个世上，我还有个妈。"

第三个故事

朋友小敏有先天性心脏病，不能怀孕，生命也随时可能终止。当初我们得知这个消息的时候都很难过，这么温柔可爱的一个人，可能要因此失去美好姻缘，甚至朝不保夕，实在令人惋惜。谁知今年，我收到了她的结婚请柬。请柬上是两人的合影，她的爱人据说是做日杂小生意的，相貌平平，但看着小敏的目光里却充满温柔。

我们去参加他们的婚礼。主持人宣布互换戒指后，新郎在台上拉着小敏的手，出人意料地说出一段话。

他说："我知道包括我爸妈在内的所有人都不赞成这场婚事，可是我爱小敏！将来有没有孩子无所谓，我们还有多久也无所谓。能娶她，我就特别幸福满足。"

最后他抓住小敏的手，高高举起，大声地说："我是个生意人，不懂讲什么好听的话。我就是觉得，跟小敏在一起是最不亏本的买卖！我们俩爱一天，赚一天！"

台下掌声雷动，许多女生都哭了。

塞万提斯说："爱与死有一点相同，不论帝王的高堂大殿，或牧人的茅屋草舍，它都闯进去。”人这一生，有多少爱曾经光顾，又有多少可以长久驻足。然而只有随时都提心吊胆地担心失去，才会倍加珍惜。这样的爱，既投入，又刺激。为了可能到来的分别，就提前忍痛割舍，这究竟值得还是不值得？时光有多长？时光浩浩荡荡，时光也捉襟见肘。谁规定必须在私有的时光里循规蹈矩地活？何不放纵自己一次，哪怕生命下一秒就戛然而止，也算不枉来一世。跟命运讨价还价未必赢得了，甚至也许不能全身而退。可是，爱一天，赚一天。只要真正爱过，终究不会血本无归。

（摘自《读者》2014 年第 16 期）

喊魂

郭震海

这是专属乡村的声音，属于乡村的人，也属于乡村的鸟雀、乌鸦、蝼蚁和其他一切活着的或已逝的生灵。

“狗蛋哟——回家喽！”

“回家喽——狗蛋哟——快快回家喽！”

黄昏近，红日走西。

我闻声寻去，脚踏在一条完全由岁月刷亮的青石小道上，青石小道一路延伸而去，就是村庄的心脏。接近声音的源头，忽见一户人家，门庭大开，倚门而立的是一位老太婆。她一身布衣，白发苍苍，正手扶门框，做着一副翘首企盼的样子高声呼喊。她的喊声悠扬而深远，似乎又有点不慌不忙。这声声喊，喊沉了落日，喊淡了夕阳，越过房舍，绕过村庄，就如脚下的青石小道一样悠长。

狗蛋是老太婆的孙子。令人费解的是，此时的狗蛋明明就坐在屋子里的矮凳上，正耐心地啃着半个苹果，老太婆却在喊，认真地喊，固执地喊。仿佛一个狗蛋待在家，还有一个狗蛋正迷失于荒野。

村里人告诉我，这老太婆并不固执，在村子里出了名的能干，是个称职的奶奶、合格的娘。和村里的大多数男人一样，为赚钱养家，老太婆的儿子带着媳妇开春就远走他乡去打工，走时将他的儿子留给了娘。

岁月洗白了娘的乌发，日子压弯了娘的脊梁，老太婆养大儿子后，又接过照看孙子的重任。白发奶奶又成了娘，乡村的女人啊，一辈子最当不够的就是“娘”。面对生活，老太婆从来不曾有一丝抱怨，或许她已经遗忘了抱怨，或许早已习惯了睁开眼就劳作，只要不躺进棺材就像蚂蚱一样蹦跶。这也是多数乡村老人的宿命，如同一把伞，只要不坏，风里来雨里去只顾用，直到历经风吹雨打后千疮百孔，再也撑不起腰身。安静地离去时落下的几滴泪水，是放心不下儿孙的无奈，还是如释重负后的欢愉，有几人能真正说得清。

“狗蛋哟——回家喽！”

“回家喽——狗蛋哟——快快回家喽！”

老太婆依然在喊。她心里清楚，必须在黄昏消失前将迷失的狗蛋喊回家，这样家里的狗蛋才能活泛。喊，不停地喊。狗蛋平时很活泛，活泛到能在奶奶的眼皮底下偷走母鸡刚刚下的蛋。

就在前几天，狗蛋突然吃饭少了，睡觉不实，放学回来就坐在矮凳上发呆。这可急坏了奶奶。

“蛋儿，哪里不舒服？”奶奶急慌慌地问。

“哪都好！”狗蛋说。

奶奶伸手去摸额头，凉丝丝的不见烫。

“这好端端的咋就蔫了呢？这……”奶奶自言自语着，手里拿着一团面，竟忘记了自己正在做午饭。老太婆的丈夫在一次意外中英年早逝，她从39岁就开始守寡，一个女人撑起了一个家，以牺牲自己为代价延续了一门香火。一直以来，我都不明白，这个年迈的老太婆，曾经朴实无华的乡村女人，靠一种什么样的信念，用一种什么样的毅力，以一种什么样的方式，以柔肩挑起重担，直面现实，在岁月的长河中艰难跋涉。远望乡村，层层梯田，蜿蜒的小道，美丽而静默，如诗如画，然而身为其中人，真实的生活不是诗，更不是画。对于一个没有男人的家来说，无情的现实、艰辛的日子就如雷鸣般从身上轰隆隆滚过，苦苦劳作，省吃俭用，养大儿子，为公爹公婆养老送终，生活的苦难让她早已忘记了自己的性别，独自承受了太多。

最终奶奶凭直觉"确诊"，孩子是丢了魂，需要为蔫了的狗蛋儿喊魂。

人真的有灵魂吗？我不知道。说有，无人亲眼见得；说无，又过于绝对。自古到今关于魂魄的记载与描写甚多。"喊魂"作为一种民间习俗，且真真实实发生在我们生存的这块大地上，历史悠久，流传甚广。屈原在《招魂》中说："魂兮归来！反故居些。"《中华全国风俗志》的解释为："小孩偶有疾病，则妄疑为某地惊悸成疾，失魂某处。乃一人持小孩衣履，以秤杆衣之；一人张灯笼至其地，沿途撒米与茶叶，呼其名（一呼一应）而回，谓之叫魂。"这或许正是对"喊魂"这种民俗的权威记载。

老太婆依旧在喊。声声喊，喊得夜幕低垂，喊得黄昏燃尽。此时，下田归来的农人陆陆续续踏着青石小道进村，吃饱的牛羊陆陆续续进村，黄狗黑狗白狗陆陆续续进村。无论是人还是畜，对这喊声早已司空见惯，自顾自忙，不去理会。一时间，人和畜，飞鸟和家禽等，各种各样的脚步声、吵闹声、欢叫声交织在一起，形成山村黄昏独有的声响。这是一天中声音最多的时刻，是夜晚来临前山村奏响的交响曲。等这些声音没有了，夜晚就真真切切地来了。山村里总会鸡入窝，牛进圈，人归家，无论是人还是物都会将整个夜晚结结实实地留给那些需要夜晚的生灵，他们轻易不会去打搅，因为他们懂得夜晚不该属于他们。

"狗蛋回来喽——回来喽——"

"我家狗蛋儿回来喽——"

伴着这一声似乎夹杂着喜悦的喊，仿佛是谁突然按下了静音键，老太婆的喊声停了，整个山村仿佛失声般回归属于夜的宁静。

黑暗中，我坐在某个角落，眼前似乎再次出现那个坚强的老太婆，一身布衣，白发苍苍，她正手扶门框，以一副翘首企盼的样子在高声呼喊，那声音喊在耳边久久不散。或许另一个狗蛋真的被老太婆喊回家了，或许此时矮凳上坐着的狗蛋又活泛了，正在大口吃饭。

对于诸如“喊魂”这样的乡村民俗，自认为已经很文明的人总会拿着“文明”去嘲讽其“愚昧”，更会拿着“科学”去抨击这据说本不该出现的“迷信”。或许乡村人确实是愚昧落后的，但他们心里认为，人活着是有灵魂的，所以乡村人做人或做事，不光想到要对得起自己，还要对得起自己的灵魂。在他们的世界里，有生者，也有逝者，这些都与世共存。

（摘自《读者》2015 年第 23 期）

黏人的幸福

倪　萍

上了出租车我就跟师傅说："前面红绿灯往右拐。"说了三遍，师傅也没应声。

"师傅，你睡着了？"

"死了。"

妈呀，一具尸体拉着我满街跑。

"在昆仑饭店这儿堵一上午了，这车就没动过，我都快睡着了。大街上跑的全是送礼的车。"

"快过年了嘛，可以理解。"

电话响了。

"眼珠子是摆设啊？没看见水池子上有条带鱼？……怎么不够？剁五段，我吃两段，儿子吃一段，头尾你一收拾，焖上一锅大米饭……买什么黄瓜，这几天齁贵的!”

电话挂了。

“师傅，你爱人的电话吧？她也是开车的?”

“全职太太。”

我倒吸了一口气。做得起全职太太的，丈夫都是所谓的成功人士，至少一个人可以养活全家呀!

“那你一个人挣钱挺辛苦吧？一天在车上有多久?”

“十二三个钟头吧。”

“哦，那不容易!”

电话又响了。

“二十八再买……贵也得买啊，今年多买！那脆黄瓜一咬，满车清香，再困都睡不着了！今年要是跟去年一样下雪，七八个钟头都到不了，多备上点儿，五斤差不多吧……”

电话又挂了。“师傅，你这是要去哪儿啊？七八个小时?”

“内蒙古，丈母娘家。哥们儿年年去，十六年了，一年也没落下。”“你对丈母娘不错呀!”

“嘿，人家把闺女给咱了，一年就见这么一回，还不麻利儿的！老太太好几个闺女，就我们离这么远。咳，老太太就喜欢我们家这位，打从小年老太太就盼，好吃的恨不能给我们留上一年。”

“也挺好，在内蒙古过年比在北京有意思吧?”

“忒有意思了！那大锅里煮一块羊肉就够全家十来口子吃的。”师傅双手松开方向盘比画着。天哪，比风挡玻璃还大，真夸张。

“那才叫吃肉呢！一天三顿酒，早起我丈母娘就把酒烫上了，喝得差不多了在热炕上眯一觉，舒坦！逮空我就在院里点上挂鞭，噼里啪啦一响，热闹啊!

“没事我就拉着老太太出去转，一里的路我也开上车，显摆呀！车不咋的，可那是村里独一份！见到谁我丈母娘都叫停车，不管去哪儿都拉人家一段，‘坐坐

北京的车啊！'

“有一回我拉了八个人，跑了五里路都不知道人家要上哪儿，反正就瞎跑呗！”

“那你得打表啊！”我逗师傅。

“这哪是咱北京人干的事儿？得装阔气，北京爷嘛！”

“你丈母娘特为你骄傲吧？”

“不是我丈母娘骄傲，是我媳妇骄傲。嗬，那几天对我那个好啊，小眼都眯成一条缝了，扒都扒不开！”

“那在北京她对你不好啊？”

“必须好啊！只要我进了门，她就啥也不干，全伺候我了。别看我在外头是孙子，在家里绝对是爷！这不，买个菜都得问我。”

“那你老婆挺幸福的，这么年轻就不工作了，全职太太。”

“还行吧。我一天多干俩小时就让她全职了。一女的起早贪黑的上什么班啊，齁累的，还得管孩子学习。这全职太太多好啊，风吹不着，日晒不着的。”

电话又响了。

“就这么点儿屁事，费多少电话钱，挂了！”师傅语气很霸道。

“对媳妇够横的啊？”

“她没啥事，就是想听听我声儿，黏人！”

我半天无语，一直看着师傅的后脑勺，脑袋里满是胶。黏人，多幸福的一对儿啊！这不也没比那些大企业家们差哪里去吗？不也是一言九鼎的老大吗？不也是家里藏着个幸福的妻子吗？不就是挣的钱小数点点得不在一个位置上嘛，重要吗？不也是一日三餐吗？不也得过年走亲访友吗？

“师傅，你们家那条带鱼多大呀？还能剁出五段？”

“一看你就没吃过带鱼！带鱼越小越好吃，那大带鱼肉都忒面。”

“你怎么得吃两段？一般是儿子多吃。”

“嘿，他们又不开车，我们家靠我挣钱呢！”

“那你一月能挣多少？”

“说实数说虚数?”

“当然说实数了。”

“刨去交公司的，刨去油钱……”

“再刨去三顿饭钱?”

“别价，我天天家里吃，我媳妇顿顿给我做呢，那热乎乎地吃上一碗，怎么也比盒饭强!

“我媳妇该怎么论怎么论，对我那是百分百！一星期饭不带重样的，就是三顿面都不一样，早上酸汤面，中午抻面，晚上捞面，那吃不够啊！绕路我也顿顿回去吃，吃了饭顺便看一眼媳妇，这一天我舒坦，她也高兴！人不就活这俩字吗?”

有多少人真正明白活着就属“高兴”这两个字值钱？师傅算弄懂了吗?

我快下车了，竟有些恋恋不舍，师傅的幸福很黏人。

师傅提前把计价器抬起来了，我说：“别，还得几百米呢!”

“打印票忒慢，耽误工夫。我这会儿还得上我妈那儿躺会儿。”

“累了吧?”

“不是。这不要上内蒙古过年吗，年前多去几趟我妈那儿，老太太心里舒坦点儿！事儿多着呢，下午还得去稻香村买点心。跟你说吧，年年回内蒙古，我这车都跟货车似的，后备厢恨不得都盖不上。”

“都拉什么好货啊?”

“二锅头、粉丝、酱鸡架、烤鸭、排叉……什么都有，这不老太太看着高兴嘛!”

高兴。

（摘自《读者》2013 年第 5 期）

年　意

冯骥才

年意不像节气那样——宇宙的规律、大自然的变化，都是外加给人的。它很奇妙！比如伏天挥汗时，你去看那张著名的传统木版年画《大过新年》，画面上生动地描绘着大年夜阖家欢聚的种种情景。你呢？最多只为这民俗的意蕴和稚拙的构图所吸引，并不曾被打动。但在腊月里，你再去瞅这花花绿绿的画儿，感觉竟然全变了。它变得亲切、鲜活、热烈，一下子撩起你过年的兴致。它分明给了你年意的感染。但它的年意又是从哪儿来的呢？倘若还在画中，为何夏日里你却丝毫感受不到？

年年只要一喝那杂米杂豆熬成的又黏又甜、味道独特的腊八粥，便朦胧看到了年，好似彼岸那样在前面一边诱惑一边等待了。时光通过腊月这条河，一点点驶向年底。年意仿佛寒冬的雪意，一天天簇密和深浓。你想一想，这年意究竟是怎样不声不响却日日加深的？谁知？是从交谈中愈来愈多说到“年”这个字，是开始盘算如何购置新衣、装点房舍、筹办年货，还是你在年货市场挤来挤去时，受到了人们要把年过好的那股子高涨的生活热情的感染？年货，无论是吃的、玩的、看的、使的，全部火红碧绿、艳紫鲜黄，亮亮堂堂。那些年年此时都要出现的图案，一准全冒出来——松、菊、蝙蝠、鹤、鹿、老钱、宝马、肥猪、喜鹊、刘海、八仙、聚宝盆，谁都知道它们暗示着富贵、长寿、平安、吉利、好运与兴旺。它们把你围起来，撩动你的热望，鼓舞你的欲求，叫你不知不觉地把心中的祈望也寄托其中了。不管今年的希望明年是否落空，不管老天爷的许诺是否兑现，祖祖辈辈们照样活得这样认真、虔诚、执着。唯有希望才能使生活充满魅力。

当窗玻璃外凛冽的风撩动红纸吊钱敲打着窗户，或是性急的小孩子提前零落地点响爆竹，或是邻人炖肉煮鸡的香味蹿入你的鼻孔时，大年将至，让人甚至有种幸福的逼迫感。如果此时你还有几样年货未备齐，少四头水仙或两斤大红苹果，不免会心急不安，跑到街上转来绕去，无论如何也要把年货买齐。圆满过年，来年圆满。年意竟如此深厚、如此强劲！如果此时你身在异地、急切盼望着回家，看到那一列列火车被返乡过年的人满满实实挤得变了形，你生怕误车而错过大年夜的团圆，也许会不顾挨骂、撅着屁股硬爬进车窗。

不管一年里你有多少失落与遗憾，但在大年三十晚上，坐在摆满年夜饭的桌旁，必须笑容满面。脸上无忧，来年无愁。你极力说着吉祥话，极力让家人笑，家人也极力让你笑；你还不自觉地让心中美好的愿望膨胀起来，热乎乎地填满你的心怀。这时你是否感觉到，年意其实不在其他地方，它原本就在你的心里，也在所有人的心里。年意不过是一种生活的情感、期望和生机。而年呢？就像一盏红红的灯笼，一年一度把它火热地点亮。

（摘自《人民日报（海外版）》2016 年 6 月 12 日）

除岁照岁

钱国丹

除夕叫法，各地多有不同，浙江台州人把除夕叫作“除夜”，而我家乡却把除夕叫作“除岁”。反正是一回事，“爆竹声中一岁除，春风送暖入屠苏”，王安石早在十一世纪就把它写得很清楚了。

少儿时期的我一直不懂，为什么把一年里头最后一夜叫除岁呢？“岁”就是年，年年岁岁，岁岁年年，一年过去了就过去了，为什么要把它“除”掉呢？

家乡还有个活动叫作“照岁”，就是除夕那个晚上，家家户户都要点红烛。有钱人家的红烛大些，没钱人家的红烛小些。我童年时命舛运蹇，不是父亲出点“问题”，就是弟妹们摔个歪胳膊断腿的，所以，食能果腹、衣能蔽体成了父母亲最大的心愿，谢年、照岁、迎春、庆春这种近似奢侈的民俗活动也只能忍痛割爱了。

有一年好像是境况稍好，父母亲也开始张罗“照岁”，但用的红烛只能是最小的“十支”。当时买烛是用秤称的，“十支”就是一两有十支的那种小烛，瘦得就比我们小孩子家家的小拇指头还要细。

照岁真是件赏心乐事，首先，那天的孩子们都允许玩泥巴，因为蜡烛需要支承体，而一般的穷家根本没那么多的烛台。天寒地冻阻挡不了我们的兴致勃勃，我们下到河塘里，去挖那种细腻的“青滋泥”，然后回家摔摔打打地做起烛台来，我们随心所欲地创作着，有圆锥体的，有方台形的，也有小泥人和小动物，关键是要立得住，立得稳，然后在上头插上一截细细的香梗，放在风里晾得稍干就行了。

一整天，孩子们的心里都痒痒的。好不容易挨到天黑，兄弟姐妹们争先恐后忙碌起来。先把一支支小红烛都插上泥烛台，接着便开始点烛，点上了，小心翼翼地用手护着，用身子挡着，不让它被风吹灭，不让它迎风流泪。

烛光摇曳，人影幢幢，难得的祥和与幸福拥簇着我们。

“照岁啰！除岁啰！”爸爸是很容易满足的，他快活得像一个大孩子，和我们一起跑进跑出。

“照岁除岁，从里往外。”妈教导说。

“为什么?”

“除岁就是除祟呀，点那么多的蜡烛，照得妖魔鬼怪无处躲藏，我们从里到外，把祸祟、晦气、污秽都赶跑。”

气氛就变得神秘严肃了。我们诚恐诚惶地做着一切，生怕一不小心就让“祟”们藏匿下来，继续祸害我家。

我们按照父母的指点，先把蜡烛放进谷仓、米缸里边，边放边祝诵：谷仓满登登，米缸满登登；接下来是正屋、卧室、眠床里边，我们诵着“妖孽快快滚，急急如律令”；然后是厨房、饭箩、菜柜，再就是过道、檐下、院子；还把蜡烛点到了猪圈旁、鸡窝上、茅厕背；最后我们来到了大门外，找一个无风的角落，架起几爿瓦片，把烛台放进去，点着蜡烛，然后赶紧回头关上大门，以免“祟”们卷土重来。

有两处的照岁比较特殊，一是水缸里。水缸里怎么点烛？泥烛台掉进水里岂非污了一缸清水？妈有办法，她手拿一截萝卜削就的烛台，叫我把它放进碗里，插上蜡烛点上，然后将碗轻轻放进水缸里。白白的瓷碗，红红的萝卜，幽幽的烛光，在水面上轻轻荡漾，有一种让我怦然心动的感觉。另一处是柴仓，柴仓满是干柴，引起火灾就不得了。爸也有法子，他先把柴草整理得妥妥的，然后拿了个水斗，舀上半斗水，仍拿口碗点上蜡烛在水里浮着，再让这个水斗稳稳地坐在柴仓里。这样就平安无虞了。

屋里屋外是星星点点的烛光，带着淡淡的温馨。一家人就在这淡淡的氛围里憧憬着，盼望着新一年平平安安，盼望着日子过得越来越好。

（摘自《人民日报》2018 年 2 月 21 日）

新是最亮丽的年景

王　溱

过年是中华民族的传统大节，从远古直到今天，一年又一年，循环往复，周而复始。犹如川流不息的黄河之水，延绵不断地流淌在华夏儿女的心头。

人们喜欢过年，盼望过年，眷恋过年，因为过年总是充满神圣和欢乐，给人们带来一片清新、希望和美好。

过年是辞旧迎新的象征。关于“年”的传说很多，但说来说去都离不开一个“新”字。无论是想象中的那个被称作“年”的残暴动物，还是古人祭神祭祖活动，抑或熬夜守岁，贴春联，贴门神，无不贯穿着人们期盼丰收、渴望美好生活的愿望。“年”一来，树木凋敝，百草不生，“年”一过，万物生长，鲜花遍地。守岁更是“寒辞去冬雪，暖带入春风。共欢新故岁，迎送一宵中”。至于把祝福期盼的话语贴在门上，一来是为了倾诉人们心中的愿望，二来是为了便于迎面相望，图个吉利。“新年纳余庆，佳节号长春”。这样的佳句，哪个看了不美在心头？

一年之计在于春。年是旧时光的终结，新生活的序幕。古人为什么把过年还称为“新年”“新岁”？一个“新”字，昭示着满满一年的春光，五谷丰登，幸福安康。

过年是新面貌新景象的展示。迎年有许多习俗，其中非常重要的一项就是对家里进行大扫除。现在物质条件好了，卫生意识强了，许多人家平时就一尘不染。尽管如此，年临近之前，还是要再清理一番。哪怕是象征性的，也要有所表示。何故？按民间的说法，“尘”是“陈”的谐音，扫尘意味着“除陈布新”，要把一切“疾病”“背运”“晦气”统统扫出门。“茅舍春回事事欢，屋尘收拾号除残”。古人俗称大扫除为“打尘埃”。好一个“打”字，“打”过之后，迎来的必定是窗明几净、焕然一新的“新环境”“新生活”。

于是，年三十晚上盖着留有肥皂味的干净被子，大年初一清晨对着贴了窗花、结了冰霜的窗子吹一口热气，露出的是明亮清澈的玻璃，就看到小伙伴早已在院子里欢快奔跑，朝大人喊过年好了！于是，再也按捺不住焦急的心情，赶快穿上新衣，走家串户去拜年，放鞭炮。孩时的记忆刻骨铭心，每每想起都是那么的清晰温馨，新鲜感永存。

过年是孩子最期盼最向往的日子，不仅有好吃的食物，漂亮的新衣服，喜爱的气球，棉花糖，还有充满喜庆的气氛，遍地洋溢的欢乐，四处崭新的美景。这一天，脾气再暴的大人也不会“难为”孩子，犯了点小错，父母也不会责备。看到的都是满脸笑容，听到的都是“甜言蜜语”，遇到的都是彬彬有礼。世界变得格外美好。

过年催生着新境界。走家串户拜年是过年不可缺失的重要内容。走亲戚，看朋友，拜长者，探病弱，中华民族传统的美德，此时尽显光耀。以前电话没普及到平民百姓家里时，走家串户拜年是一道亮丽的风景线。从大年初一开始，一直延续到假期结束，大街小巷，楼道院落，到处可以看到拜年的人流。或成群结队，或拖儿带女，或形单影只。

不管是例行公事，还是发自内心，也别在意是应景热闹，还是随波逐流，但凡登门都冲着吉庆而来。拜年虽只是一种礼节，却是人与人与之间感情联络和增进的桥梁与契机。许多人珍惜看重的就是这一点。有意思的是，过年时人的度量都显得格外大，境界也特别高。平时有点摩擦矛盾，思想工作没少做，调和通融没少费口舌，但耳朵根子总是硬的，难以听得进去。过年就大不一样了，一副虔诚的笑脸，几句诚意的话语，换来的是“一笑泯恩仇”。所以，平时与人有些小误会，小意见，小怨气，别怕也别担心，只要过年登门一声：拜年啰！或许立马冰释前嫌，烟消云散，化为乌有。

人心思善。传统的力量神奇而伟大。过年是道分界线，摒弃的是旧恩怨，迎来的是新知交。许多人明白这个基本而通俗的事理，所以显得格外“宽仁大度”“海纳百川”。

通信工具的发达，一段时间让人迷恋电话、短信拜年，后来又钟情微信、视频。这些先进科技固然是好，但感情的建立和延伸，是心灵的碰撞，是面对面的交流。所以这些年登门拜年又重新复苏，变得“时尚”起来。这不单纯是“怀旧”情结使然，更包含着人们对传统节日的新理解。毕竟那里面有一代代传承下来的“境界”与“豁达”。

过年让未来充满新动力。爆竹声中一岁除，春风送暖入屠苏。千门万户曈曈日，总把新桃换旧符。人们习惯把过年作为起始点，来安排自己的生活、工作、学习。职场的人会说，过了年一定要撸起袖子大干一场，力争有新成绩；面临各种考试的学生们会说，年一过就“拼”起来，不达目的不罢休；在家的退休老人也会说，下一年要好好照顾自己，吃好，玩好，心情好。

中国人喜欢把过年当成一年的起跑线。做计划，谈打算，定规划，设目标，都以过年为基准。好像就这个日子才能证明自己的决心下得对不对，做出的决定可行不可行。这种“偏好”固然是受传统习俗的影响，但也折射出人们对过年这个特殊日子的敬重和虔诚。尽管人们明白，年前年后的生活未必就有大的变化，甚至可能依旧日复一日、千篇一律。但对未来的憧憬和向往，却无时无刻不激励着人们，让人们充满信心和期待。所以，人们总是愿意在过年的时候，默默地在心里留下一道无形的痕迹：一边是历史，一边是未来。历史在渐渐隐去，未来却日渐清晰。

无数人正是在这新旧交替中，变得更努力、更昂扬、更自信。未来虽然充满了未知数，但同时又充满了挑战和情趣，永远是崭新的。这是传统萌生的魅力，是最亮丽的年景。

（摘自《人民日报》2018年2月14日）

乡愁是一个监视器

荆　方

决定给老家的双亲安装监视器，源于弟弟的一个提议。

分别住在北、深、广的我们姐弟三人，经常在微信上讨论远在河南的父母的养老细节。有一段时间，母亲总是抱怨保姆偷东西，今天说偷了她的描花盘子，明天说偷了她的虾仁和汤圆。有一次，她非常严肃地告诉我们，保姆偷了她 8000 元钱，我们要是不管，她就去报警。

我们心里明白，保姆是不可能偷她 8000 元钱的。父母的工资由父亲保管，母亲花钱大手大脚，每月发到手的零用钱迅速用完，不可能有 8000 元那么多。但是母亲不依不饶，说保姆光吃闲饭不干活，说不想用保姆，自己完全能行。

这个保姆是我们姐弟三人出钱给父母请的，人很可靠。她不是全职，每天只是上午半天买菜、做饭、打扫卫生，中午就离开。我们跟母亲据理力争，让她不要冤枉保姆，但是母亲依然不依不饶。

弟弟提议给家里安装一个监视器。有新闻说，有子女通过监视器，发现家里老人被保姆虐待。于是，我和姐姐同意了。监视器安装好了，我们在手机上一打开视频，便可看见老家客厅的全貌。这真是一个划时代的机器。

安装监视器的头一个月，就发现了很多让我们姐弟三人震惊的事情。

我发现，母亲跟保姆的关系根本没有她说的那么紧张。保姆除了上午跟她一起出门买菜外，大部分时间，客厅里就她们俩。保姆和母亲一人躺一个沙发，一起看电视剧，还不时讨论剧情。而她们周围，是乱得像猪窝一样的客厅。父亲不在家吃午饭时，保姆和母亲从早晨就开始聊天。母亲高谈阔论，保姆用心听着，恰到好处地插一句，引来母亲更加热烈的高谈阔论。周围，依然如猪窝一般。

我怒不可遏地打电话回家，质问母亲，为什么不让保姆收拾房间，养着保姆就为了扯闲话吗？母亲有点猝不及防，像被我偷窥了隐私，又像被我揭了短，既恼怒又羞愧。刚开始她企图否认，但铁证如山，她就改变策略，冲着电话这边的我翻了个白眼（我用座机打电话，用手机看着视频里的母亲），说：“这房间不用收拾，我看着挺好。让她（保姆）陪我说说话就行了。”

我气得给姐姐打电话告状，我们感觉这几年请保姆的钱全白花了。姐姐代表我们姐弟三人打电话给父亲。父亲的态度很暧昧，觉得这不是问题，只要老伴跟保姆聊得开心就好。

还有一件事，更让我生气。我发现母亲跟保姆“沆瀣一气”地骗我。平时母亲和父亲都是 10 点准时上床睡觉，父亲偶尔出差，保姆就全天在家陪母亲。我特意交代保姆，一定要按时伺候老太太上床睡觉，保姆也答应得很好。安装监视器的两个月后，一次父亲出差，夜里 11 点半我打开视频，赫然看见客厅灯火通明，母亲和保姆正坐在客厅里津津有味地看综艺节目。

我立刻拨通家里的电话。母亲意识到我的来意，撒谎说：“我都准备睡了，正要关灯呢。”我说：“我看得清清楚楚，你们俩都在看电视，看的是中央三套。”我话音刚落，保姆就把电视关了。

母亲渐渐明白了监视器对她的不利，她开始抗议，说这是对她的不尊重，还企图把网线拔掉，不过都被我们一一识破。父亲的态度跟母亲相反。父亲热爱新事物，上微信、逛淘宝。他觉得监视器非常先进，并很适应被监视的生活，经常在中午吃饭时，端着酒杯（他每天中午都喝二两）冲着镜头这边的我们举杯致意。

有一次监视器坏了，父亲着急地致电弟弟，问怎么修。弟弟立刻指挥在老家的堂弟找人上门维修。3 天后，监视器修好了，父亲特地在微信群里通知我们："视频修好了，欢迎观看。"

安装监视器后，发生了一件大事。有一天，我打开视频，发现母亲躺在沙发上一动不动，眼睛半闭。我打家里的电话，电话铃响着，母亲却一动不动。我立刻打电话给小姑姑。小姑姑赶到家里，发现母亲已昏迷。母亲是因为甲状腺功能减退又合并糖尿病，引起了晕厥。她的双侧甲状腺已切除，需要终身服药补充甲状腺素，但她总是忘记吃药，保姆也不提醒，久而久之酿成恶果。医生说，像母亲这种情况，如果发现不及时，会死人的。

这件事，让我们每个家庭成员都对监视器心存感激。母亲也不再嫌弃它，服服帖帖地被它监视着。

最欢乐的时候，是我、弟弟、姐姐其中一个回家时。下了飞机往家赶的时候，回家的那个孩子就在群里提醒："注意看视频，20 分钟后直播开始。"远在家乡之外的另两个，会打开视频守着看直播，比半夜起床看球赛还准时。回家的那个孩子一进门，还得意地冲监视器挥挥手，就像主持人走进直播间一样。

父亲欢快的声音从那边传来，他略带夸张地介绍自己的生活。他拿出一瓶酒说："中午喝这个，这是老二买的，据说不错。"又指着电视机，半埋怨半自得地说："哎，你弟弟上个月换的，买个这么大的！没必要嘛。"盯着视频的人听到自己的名字，露出会心的微笑，仿佛也在现场。

寒暄过后，回家的那个孩子就会进入厨房，煎炒烹炸。我们姐弟三人受父母熏陶，都喜欢美食和烹饪，无论谁回家，都会去厨房做一顿可口的饭菜。即便我们 3 个生活在东南西北若干年，记忆深处那几味最可口的菜肴，总能在此时被准确地想起。姐姐做的饭最丰盛，我会把视频放大，对准餐桌，依次观察桌子上的菜。视频放大会变虚，但我仅凭模糊的酱红色方块，就能准确地猜出那是黄焖带鱼还是红烧排骨。

其实，这些特别事件都是少数。监视器里记录的，90%都是老爸老妈枯坐在沙发上看电视的时光。他们有时候整晚不说一句话，看到 10 点，默默起身关掉电视，慢慢走进洗手间，再慢慢走出洗手间，路过客厅，关上灯，消失在卧室门口。

尤其在天寒地冻的冬天，他们甚至一整天都坐在沙发里，固定的姿势，固定的位置，看着同一个频道。有时候从视频里听到朱军或者朱迅的声音，就知道是那个已看过几遍的节目，但他们还是盯着荧屏，说不上感兴趣，也说不上不感兴趣。

这时候我会忍不住打个电话过去，给他们介绍几个时下正在热播的电视剧。但家里的电视没配数字机顶盒，不能看回放，而电视剧已经播过开头了。这时候我会说："等我回去给你带光碟。"父亲"嗯""唔"地应着，听到这句，飞快地插话："你什么时候回来？"

我被问得语塞，像个被当场抓获的小偷，唯唯诺诺地搪塞几句，匆匆挂掉电话。

安装监视器半年后，很少打电话的弟弟，有一次给我打来电话。我问他什么事，弟弟东拉西扯了一会，终于下了决心，斟词酌句地说："你看了吗？老头老太太每天都无所事事地坐在那里。"我随口回答："那怎么了，不坐在那里能干什么？"说完，我就沉默了，我心里清楚他是什么意思。

没有安装监视器的时候，我们仅凭电话沟通，父母那边总是热闹的——院子里谁家添了个孙子，白白胖胖的，好玩；医院的老同事来家里看他们了，小时候还抱过我；院子里那棵梧桐树，今年花开得特别多。我们这些身处忙碌中的人，想当然地认为，父母的日子跟我们一样忙碌不堪，每天没有闲暇。

安装了监视器后，才知道父母的日子是被大段大段的空白铺满的。这些空白是荒芜的原野，没有庄稼，收割不了希望。

母亲撒谎说保姆偷东西，是想引起我们的重视，让我们参与她平淡如水的生活。那片荒芜，不是干净的地面和洁净的桌椅所能填补的。监视器把这荒芜的真相，摊在我们姐弟三人眼前。身处异乡的我们远远看着那大片的荒芜，静静地、日复一日地吞噬着衰老的父母。

本来，安装监视器是为了让我们更加心安，但安装了监视器以后，我们姐弟三人都有一种从未有过的惶恐，被划过父母生命的每一次滴答声弄得焦虑和内疚不堪。有多少像我一样的子女，年轻时远走异乡，无论混得得意还是失意，都有一个回不去的故乡。

（摘自《读者》2017 年第 17 期）

书写，让我与故乡达成和解

阿　来

如果我们只是局限在自己出生的那个院子、那条小巷、那个村庄，也许这个故乡对我们来说是熟悉的。但是更为抽象一点儿，关于它的文化、关于它的历史、关于它背后更大的人群，超越我们熟人关系之外的那个构成社会的人群，到底是什么样？

当你思考这些问题时，一切熟悉的东西都变得陌生起来。这个时候，我突然就开始行走，我现在经常讲，我大概是中国最早的、还没有出现"驴友"这个词的那个时代的驴友。那个时候，我开始在我故乡的大地上行走。我们那个地方太大了。我出生的阿坝藏族羌族自治州有多大呢？八万多平方公里，我们一个县往往就是上万平方公里，徒步走一趟不容易。

今天有一个词叫"集体记忆"，它正在慢慢湮灭、消失。过去它是口口相传的，但是在我开始行走的那个年代，这些传说的湮灭才刚刚开始，所以我的行走恰逢其时。我就是这样不断地行走，不断地行走。那个时候，我突然就开始写作了，我觉得心里头好像涌动着一种用今天的话讲有点儿“高大上”的东西。

有一次我走了好多天才回去，我从身上掏出一把烟盒。一个朋友刚好看见，就问我：“你拿一堆烟盒干什么?”我说我抽的。他说：“问题是你抽完了不扔掉吗?”我说这次不一样，这上面写了东西。我记得其中有这样的句子，就是我登到一个山顶上后，写在香烟盒上的。我说我现在坐在群山之巅，我把头埋在双膝之间，感到风像时光的水流，漫过我的脊梁。河流轰鸣，道路回转，我说现在我要独自一人，任群山的波涛把我充满，任大地重新向我涌来。我坐在最高峰上，我坐在一座三千多米高的雪山顶上，这些句子不是为了写诗而哼哼唧唧牙疼一样写出来的，而是坐在那样的一个山顶上写出来的。

我又写，今天我又穿过一个村庄，这是我穿过的第十二个村庄，接下来我还要穿过一百多个村庄，而所有这些栽种着玉米、小麦、苹果树、梨树的村庄，放牧着牛羊的村庄，都跟我出生的村子一模一样。有一座水磨坊，有一所小学堂。晴天的早上，小学堂的钟声叮当作响，所有这一切都跟我出生的那个村子一模一样。所以，这些村子都是我的故乡，我不再把那个小小的村子作为我的故乡。我把青藏高原最壮丽、最漂亮的部分都看成我的故乡。直到现在，每年我都有超过三分之一的时间在这样的地域当中行走，跟这片雪域在一起，跟这儿的山峰在一起，跟这儿的河流在一起。更重要的是，跟这儿的老百姓在一起，跟这儿发生过的历史与当下的生活在一起。故乡是让我们抵达这个世界深处的一条途径、一个起点。

所以接下来我就开始书写故乡，开始写诗，开始写电影剧本，一直到我三十岁。三十岁之后，我写完我这辈子最后一首诗，叫作《三十周岁时漫游若尔盖大草原》。我说现在我看见一个诗人诞生了，他正从草原的中央向我走来，其实我写的是我自己。我把自己写得很伟大，他头戴太阳的紫金冠，风是他众多的嫔妃，他有河流般的腰肢，有小丘般的胸脯。我觉得，今天我背负着千年的积雪，眼前无比广阔，但是我说，从此我不再轻易说话。找到了跟故乡的这种关系，我觉得特别好，然后就开始说我要沉下心来思考。所以从 1989 年开始，我暂停写作。

到了 1994 年 5 月，那个时候我在一个小城，就是我家乡一个叫马尔康的地方。高原上的春天刚刚开始，我的窗外刚好是一片白桦树林，一天，那些白桦树突然开始发芽了。哎呀，我觉得这个发芽好像是一个暗示：你这么多年什么都没干，是不是今天该干点儿什么了？我突然在窗户底下打开电脑，想了一下，写了一行字。我写的是“冬天下雪，画眉出来”，这就是《尘埃落定》的第一行字。我的小说渐渐进入高潮，然后逐渐走低，最后随着主人公的死去戛然而止。我觉得通过这本书，我好像跟我的故乡达成了某种和解，我原谅了故乡曾经有过的种种粗暴，我觉得它在慢慢改善。

我想，故乡总是比我们个人更伟大，故乡总是沉默无言。她也可能觉得，这个人曾经这么叛逆、这么想逃离故乡，今天他却用这样一本书对我表达歉意。我相信故乡也充分接纳了我。现在，我的故乡可能还在发生一些使我感到陌生、感到诧异、感到不理解的事情，我也正在用我的笔进行书写。大家都知道，这是个自我意识高涨的时代，我们同一个国家的不同民族、不同人群之间，应该怎样互相尊重，怎样相处，我觉得我有责任对这样的一些问题进行探讨。

今天我的故乡还在发生另外一件事情，就是人们对于它的浪漫化的理解。浪漫化就是说，把另外一个地方的东西说得特别优美和美好，一厢情愿地按照自己所期待的一种关于青藏高原的想象去塑造它，去要求它。但它会给这个社会带来一些什么样的变化，我又应该在什么样的层面上来重新把握这个故乡呢？也许我们说的乡愁中的那个“愁”又出现了。既然上帝已经把我们变成可以思考的人，尤其是把我变成一个愿意不断用自己的实践、行走、写作来印证自己跟故乡之间关系的人，那么我相信，这种新的乡愁袭来也是一个命定的事情。那么我就接受它、拥抱它，而且带着这样一种乡愁，重新来书写我的故乡，表达我的故乡。

（摘自《读者》2017 年第 21 期）

找个有趣的人白头偕老

正经婶儿

前几年有读者问香港作家蔡澜："女孩子最珍贵的品质是什么？"

蔡澜回答得很简单："贤淑、调皮。"

蔡先生对于女人的见解发表了很多，多到已经被人整理出了两本不大不小的册子。我理解他这句话的意思是可爱的女人不仅要待人柔和，而且要有幽默感，有生活趣味。大概是和这样的女人在一起，舒服，不累。

清代人蒋坦写的《秋灯琐忆》里，他的妻子秋芙就是个有趣的人。秋芙酷爱下棋，她棋艺不精，但是又常常拉着蒋坦下棋直到天亮。有一次，她把下注的钱都输掉了，蒋坦笑她赢不了。秋芙不服气，赌上自己佩戴的玉虎，结果眼看这局又要输，她便耍赖，使唤怀里的小狗爬到棋盘上搅局，蒋坦拿她没办法，而这也成为蒋坦后来枯槁暮年的亮色回忆之一。

有趣的人一般都是心思单纯的人，心底有愉悦，对于得失没那么计较。有时候耍点小赖皮，其实很自律。有趣的女人不是只会笑不会哭，她们哭点很低，笑点也很低，因此很好哄，也很喜欢哄别人。

林语堂曾说，《浮生六记》里沈复的妻子芸娘是中国文学史上最可爱的女人。她的不俗之处在于，即便夫家没有给她提供足够好的物质生活，她也能够把琐碎的生活过得快乐无比，一蔬一饭都能自得其乐。群居的时候不哀怨命运，孑然自处的时候随顺喜乐，无论被生活怎样对待，都可以找到平凡的乐趣。

沈复生于清乾隆时期，正值太平盛世。他虽出身于小康之家，但是因为没有功名，和芸娘结婚后同父母关系处得又不是很融洽，所以经济上很拮据，经常要依靠亲友的接济生活。芸娘性格柔和，相貌秀丽，喜欢穿素净的衣服，擅长绣工，布鞋做得尤其好，家里缺钱缺酒或者要报答别人恩情的时候，她就拿自己的手工出去卖，或者作为报答回馈给别人。芸娘对于做饭有天分，给她几样寻常蔬菜，她一定可以做出口感不俗的菜肴。

有一次沈复插了一盆花，但是总觉得不够生动，芸娘看他苦恼，于是找来小蝴蝶和些许小昆虫，用细细的丝线缠绕在花木的茎上，这神来一笔，使见者无不称赞沈家的盆景有奇思妙想。

芸娘守规矩，但不假正经，侍奉公婆是本分，对外面的世界她也很好奇。有一年她想去逛庙会，可是碍于是女子，于是和夫君商量，瞒着婆婆，在家里偷偷把眉毛画粗，戴上帽子，微微露出鬓角，穿上夫君的衣服，扎紧腰带，脚踩时兴的男士蝴蝶履，拉起沈复一起去逛庙会。

有趣的女人是捕手，敏捷地捕捉着生活中的美。芸娘自然是一个有趣的姑娘，她的能力在于她可以把最琐碎乃至最落魄的生活过得生机盎然。尽管生活对她严厉，她依然勤快地捕捉着美好，这是中国古代士人讲的“趣”。这个趣是宠辱不惊，是不以物喜不以己悲，是虽在陋巷，人不堪其忧，亦不改其乐。

心中有诗意，因此常微笑；心怀有智慧，因此常感恩；胸中有大欢喜，故而从不怨天尤人。

和这样的人在一起，不会害怕，每天醒来日子都像是新的，因为她们对生活的热爱充实了生命，就像是红酒注入了高脚杯。

像三毛一样，住在撒哈拉也可以把生活过得很好玩。于是我想与这样的人为伴，就算是身处黄沙漫天的沙漠，也不会觉得闷。

找个有趣的人白头偕老，把日子经营得红红火火。粗茶淡饭不要紧，朋友散场没关系，兵荒马乱也无所谓，和这样的人在一起，一盏红烛，一杯烧酒，可饮风霜，可温喉。

这个世界上的一切都会改变——容貌、身材、金钱、权势，唯有对生活不计回报的热爱不会朽坏。

当人有趣时，世界也会帮他。

王小波说："一辈子很长，就找个有趣的人在一起。"

微斯人，吾谁与归?

（摘自《读者》2015 年第 24 期）

只干有建设性的事

闫 红

一天在办公室碰到老马，她照例打开手机相册，向我展示她最近的画作，并得意地介绍，这幅有人想要重金收购，那幅准备拿去参展。诚实地说，我对她说的这些既不懂，也不关心，我更感兴趣的是她的形象：一件黑底红格子直身裙，搭黑色短靴，50 岁的人，身材不但没有走形，比前几年似乎还更多了些曲线美。我心有旁骛地听着她的念叨，暗想，原来真有"逆生长"这种事的。

呈现在我眼前的老马是好看的，比我刚认识她时好看。

初见她是在十几年前，她是报社编辑，我经常在她主持的版面上发表文章。有一天我到编辑部做礼节性的拜访，得以与她见面。当时的她太像电视剧里的政工女干部了，齐耳短发，衣着整齐而保守，沉重的塑料框架眼镜完全遮蔽了五官，她笑得十分和蔼，说："你就是闫红啊，不错不错，写得不错。"

太和气的人，常常会被人不自觉地看轻，以为他们是缺乏能力才不得不笑脸迎人。我承认，初见老马时，我感谢她平易近人的同时，心里也不觉藏了些这样的势利。一年多之后，我成了她的下属，这使我有机会纠正之前的错觉。老马没那么和蔼，倒是挺有才，还是那种比较犀利的才华。

她是浙江金华人，中医学硕士，毕业后当了医生，因为喜欢写杂文，转行来报社当了副刊编辑。这经历与鲁迅先生多有相似，但她的行事作风，却与先生大相径庭。鲁迅先生虽然声称“一个都不原谅”，日常生活里对人和善、体贴却是有口皆碑的，老马则没有这份细腻，心直口快。

以我和老马的亲密关系，不懂得婉转的她，得罪我的次数当然最多。我虽是她的下属，却经常当场吵回去，老马的卓越之处这时就显现出来了，她并不一定要做“说最后一句话”的那个人。有时闭嘴，有时就讷讷来一句“你倒是挺会说的”，结束了这场争执。之后并不记仇，好像什么事都没发生。

见老马雷声大雨点小，我就对自己说，这是个好人。但前面说了，好人也没什么了不起的，老马真正让我刮目相看，还是从她炒股开始。

好了，不要猜了，接下来的情节并不是老马在股市上呼风唤雨，赚得盆满钵满，相反，在股市最为风云变幻的那一年，她也不知道受了谁的蛊惑，一个猛子扎进去，便被巨大的浪头冲得找不着北了。当时也未见她情绪变化，只听她说“亏了”，没说亏了多少，显见得亏了不少。

对一贯省吃俭用的老马来说，这亏损实在巨大，足以成为她人生的分水岭。之后我们看到的她，跟以前判若两人：笨重的塑料框架眼镜不见了，换成了细金边的，她原来竟是一个眉清目秀的人；发型变化不大，只是染成了深棕色，我不能说有多洋气，但这起码是一个信号，让人知道，这是一个清楚自己性别特质的女人；变化最大的，还是她的生活态度。之前的老马，是一个很典型的女书生，除了上班、看书，百事不理，这之后，她的社交面也扩大起来，成了本地文化圈子里重要的一分子。

旁观了老马变化全过程的同事目瞪口呆，均不知是什么力量能让一个女人发生这样大的变化。有一次和老马一道去某地，我提到这种疑问，她呵呵一笑，说，她有这个变化，全拜炒股所赐。这次股灾，她损失惨重，亏掉的那笔钱，差不多可以全款买套两居室。过去她完全没法想象这样一种损失，经历了，发现也没什么了不起，再想买什么东西而舍不得时，她会对自己说：“我曾经亏掉那么多钱，也没有影响我的生活，花这点钱又能怎么样呢?”如此一想，活得就比以前随性多了。

她的生活因此洞开，过去以为必须坚守的东西，现在被她轻易跨过，她借助一次失败的炒股，升华了自己的人生。

这不是谁都能做到的事，我觉得我就很难做到，我没有把损失变成契机的能力，相反，倒有可能绊倒在挫折上。虽然我也知道，这样是自找不痛快，但是，这世上，有几个人能真的做到知行合一，让所思与所行步调一致？跟老马说起这个，她说：“没有‘不能知行合一’这件事，你不能做到，是因为不能真的懂得。”我有点懵懂地回味着这句话，还没有想明白，又有一件大事发生在老马身上。

我前面说了，老马是我的领导、部门主任。但在她 45 岁那年，单位机构调整，她卸任副刊部主任一职。这种安排是从单位大局出发，但作为个人，通常很难接受。

老马却非常平静甚至是不无期待地接受了这个安排，因为她给自己做了更好的规划。后来她对我说，她当时想了两条路，一是回归老本行，去做个医生，但当初放弃，就是因为不够喜欢，不选择也罢；第二条路是做一件全新的事，学画画。她没有画过画，但很喜欢，即使投入大而且不见得有回报，那过程也是快乐的。作为一个行动派，她想好了立即就会去做，在这样一个宏大理想的推动下，“不以物喜，不以己悲”也成了一件不难做到的事。

前面说了，老马的画我不懂，只是听懂行的人说，她进步飞快。我能看明白的是另外一些事，首先，她变得很忙，每天早晨一睁眼翻朋友圈，我总见她在那里晒自己的早课，她一般 5 点钟起床，站着画上一两个小时的画。这是一个力气活，为了让体力跟得上，不画画的时候，她很注意锻炼与养生，经常步行数公里，又成功地达到了瘦身的目的。

其次，她变得很快乐，时刻都有种在路上的昂扬。我不由自省，为何我比老马年轻，倒成天一脑门官司？是否因为我不像她那么爱学习？学习是一件具有飞跃姿态的事，它轻而易举地越过世间琐屑，翱翔在透明湛蓝处。

归根结底，老马能够化腐朽为神奇，还是因为她只做有建设性的事。这可不容易，负面情绪比正面情绪更有诱惑力：推诿可以减轻压力；郁闷与悔恨可以使我们不用立即直面人生；纠缠于细枝末节，就可以装作看不见那些更为重大的命题。负面情绪是一张温床，尽管知道赖床只会让人越来越沮丧，我们却缺乏一跃而起的勇气。

我曾向老马请教她何以能做到摒弃负面情绪，她说因为她曾经是个肿瘤科医生，见多了生死，知道孰重孰轻，琐屑烦恼终究会成为过眼云烟，不断做事的过程，却能带来货真价实的快乐，令人不知老之将至。她的话让我羡慕，说到底，每个人能拥有的只有自身、自身的现在，而一个只做有建设性的事情的人，永远持有最好的现在，再由这些现在，攒成最好的未来。

（摘自《读者》2016年第1期）

别把我当陌生人

尉克冰

2011 年夏天，我去新疆开一个笔会。想要看看沿途不同区域的风景，决定去时坐火车。3000 多公里的路途，没有同伴。

记住，路上不要和陌生人说话！不要接受陌生人给你的一切食物和饮料！只要离开位子，回来时一定要把杯中剩下的水倒掉！

出发前，老公反复叮嘱我。

刚走进包厢的一瞬间，一个男人也进来了，身后有个四五岁的小姑娘，大概是他女儿，我心里稍稍平静了些。随后，一个 10 岁左右的小男孩蹦蹦跳跳地过来了，她妈妈紧跟在后面。

整体环境不错，我精神放松了很多。

晚上 10 点多，该休息了。锁好门，我把手提包压在枕头下面。不知不觉，已到深夜。人们都睡熟了。突然，我在似睡非睡中听到窸窸窣窣开锁的响动，接着，哗啦一声，门被打开了。我猛地打了个激灵，心跳到了嗓子眼儿。我看到，一个黑乎乎的脑袋探了进来，身体还在外面。不好，一定是小偷！借着通道幽暗的灯光，可以看到那个男人十分高大，样子很凶悍。此时，包厢里其他人还在熟睡。我吓得浑身哆嗦，头皮发麻。他打探一番后，挤进门内。我不知从哪里来了勇气，顿时从铺上弹坐起来，大喝一声："干什么的?"

"我，我上车呀。"那个男人被我的喊声吓了一跳。他将行李拖了进来。

原来真是上车的。虚惊一场！那个人在半夜上车，身子还没进来，头就伸进来打探，恐怕也担心车厢内有"恐怖分子"。

昏昏沉沉的一夜过去了。早晨醒来，赶紧摸了摸枕头下面，包在。天已大亮，拉开窗帘，一片片赤裸的黄土坡，被疾驰的列车抛在身后，到陕西境内了。

随便吃了早点，又躺下看书。中间出去了几次，回来后，我严格按照老公嘱咐的去做，把杯中剩下的水倒掉。包厢里，孩子们在嬉闹，大人们都很安静。当我拿出零食吃的时候，挺想给那两个孩子。可我没有。我想，上车前，他们的父母一定无数次告诫他们，不要接受陌生人的食物。我害怕遭遇被拒绝的尴尬。

"阿姨，你怎么躺了半天也不下来玩儿?"下铺的小姑娘仰着脸，忽闪着大眼睛笑着对我说。

孩子把我从铺上唤下来，我就和他们几个聊了会儿。小姑娘的爸妈都在乌鲁木齐做生意，老家是河北沧州的，孩子经常跟着奶奶生活，这次，爸爸回来接她去新疆。中年妇女是甘肃酒泉人，丈夫在石家庄陆军学院教学，孩子在石家庄上小学。孩子刚放暑假，她带着孩子一起回酒泉探亲。半夜上车的男人，是河南的，做玉石生意。大人聊天，孩子也不闲着，小姑娘唱歌，小男孩儿讲故事，我们的小房间里显得很热闹。

"阿姨，吃荔枝吧！"小姑娘用她胖嘟嘟的小手递给我一颗饱满的荔枝。我愣了一下，赶忙说了声谢谢，接过荔枝，手有些颤抖，还有些僵硬。突然间，觉得非常惭愧。上车快一天了，我们都是各吃各的东西，谁都没给过孩子吃的。拿着荔枝，我不敢面对孩子天真无邪、清澈透亮的眼睛。和孩子比起来，大人的世界多么复杂，充满着猜忌。

孩子给每个人都发了一颗荔枝，没有人拒绝她。看着大家一起分享着她的甜蜜，她笑得眼睛像弯弯的月亮湖。

那颗荔枝，我一直攥在手里，舍不得吃。小小的荔枝，如同两个世界的缩影。成人的世界如荔枝皮，粉饰、坚硬、粗糙；孩子的世界如荔枝瓤，莹白、晶透、柔软。

孩子善良晶莹的心，像一把钥匙，开启了大人的心门，让彼此间敞亮了。我们的小包厢渐渐成了快乐的大家庭，美食共享，格外香甜。我把最好吃的都留给了小姑娘，还让她坐在我腿上，给她讲故事，把她原来松散的头发编成漂亮的小辫，拍了很多照片。孩子对我也越来越依恋，一会儿看不见我，就到处找。或许是她离开妈妈太久了，我是个母亲，身上有妈妈的味道。那天夜里，她是在我怀里睡着的。

第三日清晨，越过上千里寸草不生的茫茫戈壁滩，终于看到了茂密的树林。“快看，天山！”人们指着远处峻拔高耸、白雪皑皑的群峰喊着。终点站快到了，可我的心里却平添了一丝怅惘。

车停了。人们如潮水般从车身里漫出。我抱着小姑娘，她爸爸帮我提着大行李箱。孩子紧紧搂着我的脖子，趴在我肩上。出站了，外面人头攒动。小姑娘的爸爸停下来，和我一起寻找接站的人。终于看到会务组的牌子了。

要分别了。我依旧紧紧抱着孩子，我们脸贴脸。她父亲将她抱走的那一刻，她哭着大声喊“阿姨”！我心里好难受，背过身去。

手机响了，收到朋友发来的短信：“出门在外一定要小心，不要轻易和陌生人说话，不要接受陌生人给你的任何食物和饮品！”

我笑了笑，走进人海中……

（摘自《读者》2012年第23期）

采浆果的人

迟子建

金井是个小农庄。一个收浆果的人来了，他的一番吆喝，让秋收的人们扔下了手中的农具，奔向森林河谷，采摘浆果。

曹大平夫妇的心情跟阳光一样明朗。他们边采边计划卖浆果的钱的用途。他们决定涉水渡河，把竹篮给装满了。河水凉得他们直打寒战，随着河心的临近，水涨到他们的腰际了，他们有些站不稳，但他们咬着牙，互相鼓励、坚持着。突然，曹大平的腿抽筋了，他侧歪了一下身子，水花朝他打来。他呻吟着，惊恐地看着白花花的水从脖颈下跃过。他的女人紧紧地拉住丈夫不撒手，她也侧歪了身子，挎着的竹篮趁机从她胳膊肘那儿溜走了。他们相互搀扶着哆哆嗦嗦地回到岸边。曹大平一回去就发烧了，他的女人唉声叹气的，她既不能采浆果，又不能去秋收，只能守着他。

金井有个头发全白的“苍苍婆”，三十年来，她的男人一直瘫在炕上，靠着她的服侍而活着。苍苍婆的眼睛没有老年人的那种混浊，依然那么明亮，清澈逼人，好像她的眼底浸着一汪泪，使她的眼睛永远湿润而明亮。

开始的几天，苍苍婆还认认真真地采上一天的都柿，交给收浆果的人，换来几十块钱。可是接下来的日子，当她独自在林中弯下老迈的腰，手指触到皱纹累累的已经蔫软的都柿的时候，她的心就凄凉了。她尝了一粒都柿，真是甜极了，这甜让她更觉凄凉，苍苍婆就很想喝上一碗酒。山上没酒，她自然把采来的都柿当酒吃，竟一发而不可收，吃空了盛都柿的盆子。收浆果的人为了安慰她，丢给她一张十元的钞票，让她买酒。苍苍婆捡起钞票，运足一口气，又把它吹回地上，苍苍婆说："钱是什么，不就是一张落叶吗？蚂蚁合伙举过落叶，这样的叶子它们没见过，留着给蚂蚁们举着玩，当遮阳伞使吧！"说完，她就一摇一摆地走了。

苍苍婆在晚饭后摇摇晃晃地去大鲁和二鲁家了。大鲁、二鲁是金井仅有的还在秋收的人。他们是一对有智力障碍的双胞胎兄妹。他们已是中年人了。满嘴酒气的苍苍婆亢奋地叫道："大鲁二鲁，别秋收了，采浆果去吧，能拿现钱！过年时大鲁就能买新鞋穿了，二鲁也能买件花衣裳了！"大鲁说："苍苍婆，爸妈死前告诉大鲁了，下了霜就秋收，大鲁都点了头了！"二鲁也说："春天撒了种，秋天就得收庄稼，二鲁也记着呢！"苍苍婆说："你们真是一对傻瓜，这天响晴响晴着呢，晚个十天八天秋收，你种到土里的东西又不会长翅膀飞了；可你要是不采浆果，就得不到现钱，等你们秋收完去采，收浆果的人早就走了，你们一分钱也挣不到！"

大鲁、二鲁却不为所动，在他们看来，秋收才是天经地义的事。他们刨完了土豆，又砍了白菜和大头菜，把它们运回来，腌了两缸酸菜和一缸咸菜，然后把余下的菜下到窖里。之后，他们把遗落在地里的菜帮也捡起来，装进麻袋，拉回家堆在仓房旁，作为猪饲料。最后，他们踏着更浓重的霜，去大草甸子，用绳子把猪草背了回来。

就在大鲁、二鲁扛回猪草的这个夜晚，天空下起了大雪。金井人一年的收获，就这么被掩埋在大雪之下了。人们脸上满是凄苦的表情。他们冬天吃什么？他们的牲畜和家禽吃什么？苍苍婆望着大鲁、二鲁这户唯一收获了庄稼的人家，她的心中先是涌起一股苍凉，接着是羡慕，最后便是弥漫开来的温暖和欣慰。

二鲁的脖颈上戴了一圈火红的野刺莓。金井的女孩，最喜爱穿这样的项链来戴。看来在秋收的间隙，大鲁、二鲁也采了浆果。只不过他们只采了很少的一种，并且为它们做了最美的镶嵌。

（摘自《读者》2016 年第 23 期）

城市里的手艺人

祝小兔

前几天，带朋友去剪发。他总是不满意发廊给他做的造型，哪怕是一掷千金请的店里最贵的发型师。在小区里东走西转，进了这位凡师傅家，朋友显得意外，甚至觉得有些不可思议。在城市热闹的公寓楼里，凡师傅半隐居在此，养了一只猫为伴，客厅就是他的工作室。虽然是民居，工具倒是很齐全，就是有些凌乱：一面落地镜前，摆着转椅，旁边有烫发的机器等设备，各种药水、彩色发卷随处散落。

剪发是一种互动的手艺，他用触觉感受你的发量，用眼睛看你的发质，用耳朵听你的需求，用心体会你的审美。我想朋友心里一定在打鼓，事已至此，怀着将信将疑的心态，也只能让凡师傅打理。凡师傅的性格非常有趣，遇到他喜欢的人，就忍不住跟人家多聊上几句；遇到不投机的人，连生意也不做。开一家发廊成本很高，他就在民居里工作，也不养助手，解决温饱是件很容易的事，闲钱也不少，前段时间他还跑到云南的雪山玩了一圈。不知不觉，聊着聊着，头发就剪好了，朋友出奇地满意。他问价格，结果比市场价低很多。凡师傅不肯接钱，指着柜子上的一个木箱说："丢里面吧。"朋友觉得他随性极了。其实忙的时候，他常常会说声"看着给呗"，然后就转身忙活别的客人了。

凡师傅是位手艺人，我认识他已经10年了，从他在发廊工作的时候就已经成为他的回头客了。兜兜转转，我换过几个发型师，最后还是跟随着他，他也跟随着自己的内心，最后老老实实地当了个手艺人。

小时候对手艺人的理解实在不够宽泛。庙会上售卖手工艺品的民间艺人，在街角修鞋的匠人，裁缝店的老师傅，他们一辈子就靠一项技能养家糊口，好像他们的人生从未跟财富关联，他们起早贪黑，总是辛勤地谋生。那时候太关注五光十色的生活，好像所有的手艺人都显得与时代脱轨。人们更为新产品和新科技着迷，停不下来，渐失初心。很多手艺失传或者不精了，要么被工业化取代，木匠做活儿全凭电锯、电刨子、射钉枪、万能胶。

有段时间，我以为手艺人消失了。慢慢观察，我们其实还确确实实活在充满手艺人的世界里，享受着他们带来的好。"写作是一门手艺，与其他手艺不同的是，这是一门心灵的手艺，要真心诚意；这是孤独的手艺，必须'一意孤行'。每个以写作为毕生事业的手艺人，都要经历这一法则的考验，唯有诚惶诚恐，如履薄冰。"这是北岛文章里的一句话，我反复地读着，感受着，也思考着，什么才是真正的手艺人。

我想，靠着一项技能吃饭的人，也不能完全称作手艺人。即使能掌握相同的技艺，不同的人也会给我们带来不同的感受。我想，世上无非两种人——商人和手艺人。商人是在出售产品，把手艺当作产品来生产。手艺人是专注的，得抛开一切地去钻研技艺。有些手艺讲究的是童子功，要在习艺所里刻苦而单调地磨炼；有些手艺，真的要在经历了岁月后才能真正地感受到其中的奥妙和精髓。手艺人，内心是以手艺为美的，也将手艺看得至为崇高。

年纪越大，我越知道当个手艺人的好，只用打磨自己，只用做好分内之事；

无须讨好，无须谄媚，无须看人脸色。古人说：无须黄金万贯，只需一技傍身。做个堂堂正正的手艺人，更理直气壮，心安理得。

在上海认识了一位名叫若谷的手艺人，先是被他做的酸梅汤打动，没想到有缘认识他并知道了他的手艺故事。“若谷”取自《道德经》“旷兮其若谷”，讲的是胸怀旷达如高山深谷，是一种接纳，是包容。若谷总是穿着最舒适的棉麻衣服，戴着一副圆形玳瑁眼镜，人如其名，用现代的心做传统的事，把传统的物用现代的手法来诠释。若谷是个木讷的人，跟着老师学《道德经》，师兄们在分享感悟的时候，他只是傻傻地笑，老师说他是“讷于言而敏于行”。

“做肥皂适合我”，那个过程就是一种入定的状态。花 3 个月的时间来浸泡草药，换来萃取了精华的油脂。花几小时甚至半天时间来搅一锅肥皂，换来 45 天的等待。45 天静静地等待，喃喃地对它们说话，或许是种交代。做肥皂让他的心安定下来，看着它们从油脂被慢慢搅拌、入模、裁切、盖章，最后成为手上的那块肥皂——是它们的沉淀，也是他自己的。

秋天的时候，我们拿到了若谷的桂花糖露。桂花在秋天盛放，但其实他的桂花糖露前前后后花了整整一年的时间制作，用时间沉淀，让味道醇厚。对于大自然来说，这不过是一次四季的轮回，但对于他来说，是手艺人的耐心和等待。前一年用古法将桂花秋天的味道保留下来，和以 5 月的青梅与海盐，咸甜交错。桂花需要精心挑拣，去除花托、花梗、树叶、甲虫等，再用海盐进行腌制，以去除桂花的苦涩，最后与梅子酱混合，使得桂花的甜腻变得柔和，富有层次。最后完成的糖桂花，若谷用一枚朱红色的封蜡封存在透亮的玻璃瓶子里。所有青梅的酸、盐卤的咸、砂糖的甜、桂花的香，都隐匿在了他双手捧着的那方天地里。

我去南京的随园书坊拜访设计师朱赢椿老师，他让我觉得手艺人宛如诗人，每件作品都是一首诗。诗就是要有感而发，有话要说，有情要表达，绝不能虚情假意。他说自己像蚂蚁一样忙，却像蜗牛一样慢。他在做的不是用来收藏的珠宝，也不是毫无情感的机器，而是贴近人内心的东西。

城市里的手艺人弥足珍贵，因为他们除了要打磨技能，还要对抗浮躁的社会，这一切全靠自己的意念。我不知道自己是否还来得及做一个手艺人，我是如此渴望拥有一门可以与外界交流的手艺。

我后来明白，我羡慕的不是手艺本身，而是专注于手艺所带来的宁静，是手艺人细腻优雅的生活方式。

（摘自《读者》2014 年第 15 期）

平民的快乐——成都生活

柏　桦

慢是一种祝福。华语文化的语境，最是如此。请人吃饭是慢慢吃，送人别离是慢慢走，听人倾诉是慢慢说，凡此种种，皆以“慢”字当头。可如今的时代是朝花夕拾，分秒必争。纵使个人等得了，时代也是等不得的，为此，每一座城市都要“快”，快到日新月异。

但说到底，世上风景闲流水，白米饭、蚊子血，端的还是要人慢下来。中国这如许的城市中，最是成都得了个中要领，且还将它酣畅淋漓地挥洒出来。旧时候，成都街头摆赌局的地摊主便有这样的顺口溜：“不要慌，不要忙，哪个忙人得下场？昨日打从忙山过，两个忙人好伤心。一个忙人是韩信，一个忙人楚霸王。霸王忙来乌江丧，韩信忙来丧未央……”对成都人而言，“有慢且闲”并非什么伤及颜面的事情，这里头反倒有几分自豪的心气。

这心气便是成都街头巷尾、江畔公园里数不胜数的茶馆、茶铺。一个人在清晨端端正正地起来，到茶馆里一坐便是一天。“一个人无事大街数石板，两个人进茶铺从早坐到晚。”成都向来给人的印象便是节奏缓慢，茶客众多，人人都有足够多的时光来豢养其闲情逸致。而这奢侈的形象，想来也只有波德莱尔笔下的巴黎漫游者堪比了。他们游手好闲，四处观看，懂得生活的乐趣，是“发达资本主义时代的抒情诗人”。

但成都的抒情不是先锋与个人，而是大众。“一市居民半茶客”，无论高低贵贱，人人都得以在这方寸之地内，花上三五块钱享受一天的生活，建筑起日常的诗意。纵使成都也不乏琳琅满目、装饰华贵的茶楼，但终比不得这些用竹椅竹凳随意“砌”在路边的茶铺。茶客们呷着那用老茶叶和茉莉花特别熏制的廉价花茶，临街而坐，观看风景，路上往来行人和一切发生的事情，都会增添他们的乐趣，丰富他们的谈资。

“杯里乾坤大，茶中日月长。”这里的吃茶，真是用时间“泡”出来的。各式各样的茶铺虽不设雅间、躺椅，但椅子却务求舒服。本地产的竹椅子，有靠背，有扶手，任你要横要斜，都是一个舒适，这无形中就延长了坐茶馆的时间。如果肚子饿了，眼前就是流动商贩，他们挑着担子卖水果、甜点和豆腐脑，如有需要，招手即至。倘使所求不在眼下，请堂倌跑个腿，他们也是乐意的。更有郊县的农家乐，不仅设茶铺，还另配餐厅，一干一稀，中午晚上提供饮食。按人头收费，三十到五十元不等，经济实惠，自由方便。

茶馆对男子而言，是一个可以敞开心胸无拘束的地方。他们或三五成群，闲谈叙旧、摆龙门阵，或是搓麻将、打长牌，消磨时日。如果热了，他们就解开衣衫，赤膊上阵；如需理发，亦不忌讳头发会落在自己或他人的茶碗里，径直呼来剃头匠即是；想擦皮鞋时，一伸脚，便有机灵的人前来效劳。有时候，他们甚至还会当众脱了鞋袜，请人来修趾甲、挖鸡眼、削茧皮，他人完全不以为忤。而这以外，最让成都人津津乐道的便是掏耳朵了。你就斜斜地倚在那方竹椅子里，半支个头，眯了眼，一面享受成都那温柔和煦的懒阳，一面任由掏耳匠用上十余种不同的工具，在你的耳朵内掏、挖、刮、搔，弄出酥麻的感觉，那个情形还真不是一个“巴适”（成都话，有舒服之意）形容得了的。而事实上，许多人掏耳朵也并非真正出于清洁耳朵的需要，纯粹只是为了寻求那掏耳过程中舒服的境界。“头上青天少，眼前茶馆多”，掏着耳朵，吃着茶，再听那人声鼎沸絮絮谈，方能明白《在其香居茶馆里》的沙汀为什么对此生活情有独钟，反复描写，甚至认为在四川没有茶馆就没有生活。

忙人闲人，街头茶馆。人们不仅在这里会友、交易、推销、卖艺，或者无所事事、闲聊观望，必要时还可“吃讲茶”，评断社会俗务，了断个人曲直恩怨，俨然是一个社会民事的大法庭。李劼人的小说《暴风雨前》虽对此颇有微词，却也生动地反映了成都茶馆独特的社会风貌：

即使你与人有了口角是非，必要分个曲直，挣个面子，而又不喜欢打官司，或是作为打官司的初步，那你尽可邀约些人，自然如韩信点兵，多多益善……你的对方自然也一样的……相约到茶铺来。如其有一方势力大点，一方势力弱点，这里很好评，也很好解决，大家气势汹汹地吵一阵，由所谓“中间人”两面敷衍一阵，再把势弱的一方说一阵，就算他们理输了，也用不着赔礼道歉，只将两方几桌或几十桌的茶钱一并开销了了事。

由于成都茶馆的这千般风情、万端旖旎，方才引得诸多社会学家、历史专家频频驻足观望，希望据此一探生活之变迁，时代之演义。而作为茶馆生活的自然延伸，成都人的火锅文化当不得不提。喝了一天的花茶，口中淡乎寡味，此时最好的去处就是火锅店。热腾腾的红油锅底送上来，微辣、中辣、麻辣诸般口味任君挑选，点上火，下进时令鲜蔬，烫起鹅肠、毛肚，蘸着油碟香菜来吃，佐着啤酒豆浆来喝，夏天为的是个酣畅淋漓，冬天则求个温暖热闹。而且重要的是，这火锅消费不高，素则 2 元起步，荤则 6 元左右，一顿下来几十块钱，吃得心满意足，得个热闹红火。

成都的火锅照例也是不设包厢、雅间的，只有堂桌，三教九流齐聚一起，众声喧哗，觥筹交错，最得火锅热闹、沸腾的神髓。吃火锅，吃的就是这个闹劲儿，两三个人吃不起滋味，所以往往到了用餐时间，便有排起长队等吃火锅的盛况。

店内客满，人们就领了号码牌在外面等着。冬天里冷风劲吹，也丝毫不动决心，拿着三十好几的号码，吃着店家赠送的豌豆粒，谈笑风生，一任他旷日持久，感受的就是那火热的气氛。

吃火锅之所以热闹，吃法很关键。火锅是随来随吃、随烫随吃的，绝不像整盘的菜肴，人来迟了便只能吃残羹。而且冬天里，因为火一直点着，热气不歇，吃吃停停，说上半天的话也不碍事，哪个时候吃都是热乎乎的。吃火锅吃得就是这简单，不必苛求什么刀工火候，亦不需讲究什么色香味俱全，一个锅里同是一个味道。而正是唯其简单，方能成为大众饮食，成为全民的快乐。

而说到这饮食的简单，让我想起了几年前四川搞的一次川菜评选，评出了传统川菜最受大众欢迎的十二品菜肴，结果回锅肉高居榜首。消息一出来，就有人责难说，回锅肉多简单啊，怎么就能独占了川菜的鳌头呢？为此，成都本土的大诗人、地道的美食家石光华专门写了一篇文章来讨论此事，题目就唤做“简单的回锅肉”。文章说，越是简单的东西，就越要用心。做回锅肉，选肉要精、煮肉要调、切肉要巧、配料要当，煎熬还要拿准火候，即便是做配料用的香蒜苗，也要选夏秋时节上市的。一言以蔽之，简单里头不简单。此意所言不虚，良有以也，但我又以为，唯是这简单才中了川菜的鹄的，吐露了成都人的气质。因为越是简单的，才越容易为大众所掌握和认可，从而变成全民的欢乐。而且，成都人历来所求，皆是“食不兼味”——简单的快乐，有杜甫的诗《客至》可证：

客　至

舍南舍北皆春水，但见群鸥日日来。
花径不曾缘客扫，蓬门今始为君开。
盘飧市远无兼味，樽酒家贫只旧醅。
肯与邻翁相对饮，隔篱呼取尽余杯。

这首诗里有春景，有客至，也有邻翁过来吃酒助兴，这正是小民人生的大快乐也！颈联一句“盘飧市远无兼味”，照通常的解法，可以说是杜甫的住地离市区很远，买东西不便，因此盘无“兼味”（即多种食品）。但我们亦不妨大胆猜测一下，这“无兼味”很可能就是指成都的菜肴本来就不唯精美丰盛为上，而是追求大众平民，并且还完全有可能是指石光华所一语道破的“简单的回锅肉”。

正所谓一叶落而知秋。凭着成都饮食简单大众的特点，我们就可以理解洁尘会有“我发现成都人的精神状态与成都的地质结构几乎一致，临危不乱，以柔克刚”的说法。因为这里面有平民的智慧、快乐和热闹。而这些就是这个慢城市的核心——生活，“慢慢走，欣赏啊”！

（摘自《读者》2012年第1期，有删节）

盖个土房子

万 丽

读博士的时候，我有幸参加了一个农村灾后重建项目。这个项目在四川攀枝花附近一个很小的村子——马鞍桥村。

2008年8月份，攀枝花也发生了一次地震，那些土房子垮塌得非常严重。

由于洪水冲毁了桥，他们很难去外面运砖或水泥之类的材料来重新盖房子，因此他们的重建工作一直都没有开始。

我也看到很多当地重建的政策说不允许再建土房了，为了安全都要建砖房。

这个项目开始的时候，我的导师吴恩融教授和师兄穆钧博士一起去启动。他们走街串巷地做了很多调研，发现其实当地那种老的土房子还是有一些抗震措施的，要不然他们也不会在那个地方生活那么长的时间。

比如：关于土料的配比，他们会有一些讲究，放一些石子、沙子在里面，加一些木头的梁或者柱，做一个框架结构，来支撑墙体。但是由于这两年农村的大部分年轻人出去打工，这种建造老房子的技术就没有人再学了，盖房慢慢就变得越来越不讲究，所以他们的房子的抗震性现在也没有了保障。

但是我们发现其实只要用科学的方法，做一些很小的改变，增加一点点造价，就可以很大程度地提高建筑的抗震性能。于是我们就给他们提供了一套比较容易操作的抗震的夯土建造体系。

那怎么改善抗震性能呢？其实很简单，就是教他们做一个稳固的基础，给他们合理搭配土墙里黏土、沙子、草筋等等的比例。另外在墙里加一些木质的构造柱和圈梁，形成一个框架。同时我们还改良了它的采光通风性能，这使室内环境质量也有所提高。而且因为使用了大量灾后废墟，房屋重建的费用也非常便宜，最多的就两百多元一平方米，最便宜的才六十几元。

但是我们光帮他们盖房子还不够，这个村子的公共服务设施挺缺乏。于是第二个阶段，我们又帮他们做了公共服务设施的提升。

我当时的一个任务就是帮他们做一个村民活动中心。其实我从来都没有做过这样的农村项目，当时我们讨论了一下，觉得应该要公众来参与。怎么才叫公众参与呢？是不是把他们召集起来开开会，问问他们喜欢什么，然后帮他们做出来，就叫公众参与呢？

我们觉得这样还不够，应该让他们真正地参与到建造的过程中，他们既可以赚到一点钱，又学会了技术，以后可以把它当成一个谋生的技能。这才叫真正的公众参与。

所以我们也没有去请施工队，而是组织了村里的村民，让他们一起来盖这个活动中心。但是有一个问题，因为他们不是专业的施工队，我们不可能把图纸丢给他们就不管了，所以我就必须住在这个村子里，和他们一起来盖房子。

很幸运的是，当地的建设部门给我介绍了一位施工经验非常丰富的工匠师傅——杨师傅。幸亏有了他，我们才能够顺利地完成这个项目。

2009 年 4 月份，我就带着跟很多老师和专家一起讨论好的设计图纸，和杨师傅一起来到这个村子里。开始的时候，做基础施工还是比较简单的，但是因为交通实在不方便，没有办法去外面租大型的机械，所以大部分工程都是靠人力完成的，大部分材料都是就地取材。

比如：砌筑基础的石头是从河床里捡回来的，木料都是从附近的村子里收集的村民的二手木料。

建好了基础以后就是夯墙。我们用的土，就是挖基础的时候挖出来的那些土，还有平整院子的时候多出来的一些土。我们在土里加了非常少的石灰和水泥，就是为了提升墙体的强度。

整个项目没有占用太多新的土地，他们都在自家的原址上面进行了重建。倒塌的这些废墟全部被利用为新建筑的材料，所以没有什么废墟、危房之类的东西留下。这些材料90%是从当地回收的自然材料，所以看起来和环境很协调。

做完这个项目以后，我把它拿给我的同学们看。他们说这个项目是挺好，但是谁还住土房子啊，只有这种特穷、特偏远的地方的人，他们没办法才住土房子，以后他们有钱了肯定会修砖房的。

我也在想：我们是不是在历史发展的过程中真的要把它抛弃了呢？如果大家有钱了，交通好了，我们还能不能建土房子？如果我们建出来，它会是什么样子呢？

要回答这个问题，我就要讲一下我们最近做的第二个项目。

这个项目是在云南的鲁甸。2014年，鲁甸也发生了地震，当地也有很多土房垮塌得非常严重。我们要去的这个村子叫光明村。我们到的时候，很多砖房已经盖起来了。

我们发现还有一户村民没有开始重建。他们是一对老夫妻，真的没有能力盖新房，还住在一个很破的小棚子里面。

他们家的宅基地很小，没有办法做很大的院子，我们就做了一个独栋的小小的住宅。

它的房间分布很简单，一分为二，两边是房间，中间有一个很窄的、通透的、半室外的空间。屋顶是可以采光的，老头老太太可以在半室外的空间里做一些活动。

最后让我们最欣慰的是，老爷爷老奶奶终于不用住在那样破的棚子里了，他们从此有了一个干净舒适整洁的生活环境，而且它的建筑成本也只有当地砖混住宅的一半左右。

现在我就可以回答那个问题了：如果他们有一点钱了，交通方便了，他们还会不会造这种土房子呢?

答案是肯定的。我们做完这个项目后，有很多人去参观，说他们家也要盖一栋这样的房子，请求我帮他们设计。村里面的一些领导也说，他们村马上就要做整村改造了，也请我帮他们设计。

我想说的是，当我们进入农村去做这些建筑的时候，可能要转变思维方式——我们不是要带着城里的技术、城里的材料、城里的人手去替代他们，丢给他们一堆城里的东西；而是要去了解他们的历史，他们有什么东西，现在拥有的好的是什么、不好的是什么。

我们用科学的方法，只将它们做一点改变，就可以极大程度地提高村民的生活环境质量。而且我们只能用一种适宜的技术，不是一些高科技的东西，也不是一些特别土的东西，而是适合他们的生产力水平的一种技术，让他们可以去学习，可以去传承。

（摘自《读者》2017 年第 19 期）

抚摸那条船

彭晓东

那条船，是河上的精灵。

老李用那条船将河东河西连接起来，然后通往不远处的古镇。

在日月的轮回中，老李孑然一身。只有那船、那河、远远近近的山和那些永远的过客，是他的欢乐。

有一天，最后一拨乘客离船而去，四周又归于寂静。一个装得满满的背篼，静静地倚在船头。老李揭开遮布，竟看到了一双眼睛，一双明亮而对世界充满陌生的眼睛。

老李忙打开包被，抱出了这小小的生命。那是怎样一个玲珑剔透的生命啊！

老李禁不住用他的胡须轻轻蹭了蹭孩子的小脸。孩子的哭声飞翔在宁静的河面上，让他感到从未有过的快乐。他把一滴水点到孩子的嘴唇上，孩子竟不哭了。

这个被遗弃的女婴，老李给她取名小鱼儿。

老李依旧摆渡，依旧在黄昏清洗船，只是背上多了个小女孩。小女孩和船都成了河上的精灵。

“老李，谁的孩子?”常有人问。老李笑笑，不答，只撑他的船。也有奶孩子的妇女，把孩子接过去，坐在篷里喂上一口，下船时再还给老李。

小鱼儿就这么长着，和水边的植物一起生长。船，因有了女孩而变得格外热闹了。有要过河的，小鱼儿便会走到船头迎接，再进船里拍拍凳子说，请坐。许多人上船下船总要摸摸小鱼儿的脑袋，亲亲她的小脸，逗逗她。人们都说，小鱼儿每天在这河上，养得很好呢。

老李摆渡挣不了多少钱。清汤寡水的日子，他却还是常常想办法给小鱼儿开小灶。老李一筷子一筷子把好东西夹给小鱼儿，小鱼儿却趁父亲不注意，又把好吃的偷偷夹回父亲碗里。小鱼儿学会了唱歌，学会了用野草和山花编织各种小花篮。她把花篮挂满船舱，让芬芳笼罩着老李的生活。小鱼儿爱美，爱新衣，老李便常常在小鱼儿睡熟后借着星光和月色去捕鱼，去捕捞那些小鱼儿眼中美丽的企盼。

后来，河上修起了桥，老李便不再摆渡了，只用他的船打鱼。老李依旧在每一个黄昏擦洗他的船，依旧在洗船时听小鱼儿轻轻地唱。

女儿的成长是父亲心中淡淡的喜悦。眼看着小鱼儿长得像水边的植物一般茂盛，老李却一天天老去。

小鱼儿二十岁那年，这条河附近变成了三峡移民区。这里将在人们的关注中，永远只留在人们的记忆里了。

那年，小鱼儿有了爱情，比河岸上的五彩石还美。

也是在那年，老李生了病，或许秋后将去见天堂的色彩了。

小鱼儿和她的爱人，想带着父亲外迁。迁到远方，就是山的那边，有更幸福的云朵。

小鱼儿告诉了父亲他们的决定，老李迟疑了一下，微笑着说：“去吧，去吧。这是好事儿。”

小鱼儿到外迁地建房去了。那些傍晚，老李疼得不行，用粗糙的大手支撑着他倾斜的身体在河风中飘零。

老李坐下来，坐在船头，这个女儿曾经依偎过的温暖的船头。老李抚摸着船头，把目光投向远方，那里有小鱼儿的新家。

小鱼儿回来时，迎接她的只有这条船了。船浮在水面上，很孤单。

那些日夜，船记住了小鱼儿的眼泪。

邻村有人愿意买下这条船，小鱼儿却不愿意。

船，沉静着，在等待。小鱼儿来了，脚步很轻，仿佛怕惊醒了船。她轻轻地抚摸着船。凸的、凹的、涩的、滑的，残留的河泥，附着的青苔。她拿出帕子，一点一点，学着父亲擦洗船。她将船擦得光亮，直至显出木质的纹路。

外迁的那天，小鱼儿把花篮挂满了船舱。

（摘自《读者》2010 年第 2 期）

旷野灯红

凸　凹

大姨母家住在百花山腰间的一个皱褶上。有一股泉水从一丛野百合的根部爱情般涌到一方清洁的石凹里，石凹便满满地洋溢着。尽情将泉水舀到水桶里去，石凹依旧是满满的，呈一种寂寞的奇观。

那年我到县城中考，考得很顺利，有一种余兴怎样也挥之不去，便乘了去百花山的晚车，到姨母家做一次突兀的造访。吸引我的，自然是野百合根下那一股爱情般的泉水。其实那泉是从姨母的口中听来的，姨母家我并没有去过，因此便注定了要发生下面这桩故事。

百花山脚的一块打谷场算是它的终点。下车时，天已傍黑了，我急急地奔向场边的一爿小店，买了两盒酥子糕。拎着点心出来，已无结伴的行人，我就沿着小店主人指引的那个约略的方向，摸索着朝山上爬。

爬了两支烟的工夫，天已黑透。周遭传来一声又一声怪异的声响，很刺耳，心头就有一阵又一阵的惊悸。突然闻到一股烧烤猎物的香味儿，且有一种焦煳的熏腥，我以为前边一定有人，便加快了脚步。爬了好长的一段坡，焦煳味儿似乎更浓了，便觉得前边的那个人肯定离得更近了。兴致便被撩拨得更旺了一些，步子就迈得更急了一些。不知不觉间已翻了两道岭，味道依旧浓烈，却怎么也见不到那个人。

怪矣!

此时我已气喘吁吁，便颓然地躺在斜坡上。心跳平缓下来的时候，我暗暗地吃了一惊：身下那厚厚的落叶和干草，散发出来的气味儿，正是那种浓浓的好闻的烧烤味儿——落叶和干草吸足了白昼里那暖暖的阳光，入夜，便将激情忘情地释放出来，把个陌生客甜蜜地欺哄了。

于是，我迷路了。

发觉自己迷路了，我第一个反应便是惊惶。惊惶之后，那夜里的声响便更怪异、更刺耳，且纷繁杂沓。

于是，脚跟踩不踏实，趔趄不止，跌倒趴下便是自然的事。

很想躺下去，于无奈中静等公鸡啼鸣，但胸中正流着一腔青春热血，忍不得夜幕里这一种莫名的屈辱，便带着浑身的创痛，朝无边的幽暗跌撞而去。

“路总有走到头的时候。”我心里说。但路愈走愈陡了，树木也愈来愈稀疏。凭着爬山的经验，我知道已攀上了相当的高度，不能再贸然走下去了，否则弄不好会跌到深渊里，做一无谓的少年鬼。站在那里，我很想走下去，却不能再走下去，那是一种什么样的人生境界呢？是一种绝望的心境吧!

泪，无声地落下来。但在泪眼的一片模糊中，我却发现右前方有一线隐约的微光，泪竟倏地止住了。揉一揉眼再看，那一线微光依然时隐时现。抽紧的那颗心便松开一道缝。我朝着那个方向摸索而去，心中再无一丝犹豫。爬了一段坡以后，那线光便成了清晰的一团——可以确认，那是一扇不眠的窗。心霍地释然了，这时，光明是驱赶绝望唯一的鞭子。

到了跟前，是一座孤零零的小屋。敲一敲门，门竟悄然自开。灯下，一个满头白发的老婆婆安详地躺在床上。她的眼皮动了两下，分明已知道夜客到来，却不说话。

“婆婆，我迷路了。”我告诉她。

“哦。”她只欠了欠身，“坐吧，我眼睛不好，看不见你。”

我愣了一下，依旧站着。

“孩子，你要去哪儿呢?”她有气无力地问。

我报了我要去的那个村子。

她长长地“哦”了一声，坐起身来，说：“到底是个孩子啊，应该爬西边那座山，却爬到东边来了。白天，在日头下，也要爬半晌呢。”

在灯光下，虽然知道自己走了好长好长的冤枉路，我却没有一丝惋惜，竟“咯咯”笑起来。我此时的感觉很奇异，似从娘怀里走散的孩子，又回到娘怀里一样，失散的痛苦已全然忘却了。

交谈之后，知晓这瞎眼婆婆是个五保户，山下的人白天上来转一遭，看她柴米不缺、安然无恙，便又不停留地下去了。漫漫长夜，是独属于瞎眼婆婆的。

“您什么也看不见，为什么还要整夜点灯呢?”

“为什么？灯亮着，野兽不敢来，夜盗不敢来，灯是瞎子的眼哩。”

“瞎子的眼?”我惊叫道。

那一夜，我住在了她那里。

我有时想，在那漫长而孤寂的长夜，瞎眼婆婆与灯独对，真的是为自己再长一只眼吗？

这是一个真实的故事。

旷野中，一盏点亮的灯对人是多么重要啊——它是生命存在的证明。

（摘自《读者》2012 年第 18 期）

一碗西红柿鸡蛋汤

刘　同

我刚参加工作的时候，仍在大学附近租房子住，房租便宜，饭钱也不贵。

住的小区里有几家一层的临街小饭馆，客人都挺多。我刚搬过来那天，一家一家地转，转了好几个来回还没有定下来选哪一家。老蔡是其中一家饭馆的老板。当初选择他家做长期食堂的时候，并不是因为他，而是因为他的女儿。

老蔡的女儿五岁左右，坐在饭馆的门口洗碗，所有的碗都一模一样。她看着桶里的碗，又看着手上的碗，突然就停下来，开始坐在那儿发呆。

她眉头紧锁，一定是遇见了特别为难的事。

只见她冲进屋里，跑到妈妈收钱的柜台下面拿出一小瓶油漆和一支小毛笔，开始在每一个碗的底下写字。

那时我才看明白，她是在给这些碗做标记。我走过去问她："小妹妹，你为什么要在碗上写字啊?"

她没有抬头，一边写一边说："这样就可以知道是谁的碗了。"

我问："如果哥哥也在你们家交一个月的伙食费，你能不能给哥哥的碗也写一下名字啊？"

"好啊，我现在就给你写。"小蔡风一样地跑进去，又风一样地跑出来，手里拿着一个碗。

因为小蔡，我成了他家的订餐顾客。

包月每餐一个荤菜，三元；一荤一素，五元。如果不是包月的顾客，一荤一素要七元。因为每餐可以节约两块，所以学生带学生，老蔡的小饭馆生意看上去挺红火。

老蔡热情憨厚，小蔡聪明伶俐，相比之下，小蔡妈妈略显吝啬刻薄。

说刻薄也是当时的感受，现在想起来，如果那个小饭馆没有小蔡妈妈，也许倒闭得会更快。

老蔡每次炒菜的时候，都会有学生在旁边喊："老板，多放一点儿喽，不要那么小气嘛。"每次有人这么一说，老蔡就尴尬地笑一笑，顺手多抓一把肉放进去。

这时，小蔡妈妈就会很生气地冲过来，对老蔡说："你疯了啊，一个菜才三块钱，又要肉，又要油，又是免费米饭，又要交房租，你这么搞，我们还要不要做生意了？"

小蔡妈妈发飙的时候，学生们就赶紧一吐舌头做个鬼脸纷纷溜走，留下老蔡一个人很无助地被小蔡妈妈劈头盖脸地骂一顿。我也听见过老蔡的辩解："好啦，如果以后我们的女儿在外地上学，要有老板这么对她，我们也放心了，对不对？"

"对，对，对！我们只有一个女儿，却有五十多个包月的顾客，如果每个人都这样跟你说，我们怎么吃得消！你要么取消包月，要么老老实实地做生意。"小蔡妈妈脑子转得好快。

"小蔡，你妈妈平时是不是很凶啊？"我偷偷逗小蔡。

"不是啊，妈妈凶是有原因的。"小蔡急着辩解。我看小蔡妈妈走过来了，赶紧假装什么都没有发生，闭嘴吃饭。

常有同学不能按时交包月的餐费，他们总会偷偷地跟老蔡求情，递上一支烟，什么都好解决。但自从被小蔡妈妈发现两次之后，她就气哼哼地在大大的黑板上写了一行字：本店小本经营，恕不赊账！之后，赊账的人果然少了。我跟老蔡说："老板娘真是厉害，把问题放在面上解决，你看，果然没人赊账了吧。"老蔡呵呵一笑，说："她就是会做生意。"

有一次，连着几天吃饭的时候，有两个男学生总要剩一些菜，拿一次性饭盒打包，然后再装一大盒免费米饭，估计是害怕被小蔡妈妈看见，所以总是等她出去结账的时候再赶紧打包米饭。连着一个星期，最后还是被小蔡妈妈撞见了，她问怎么要打包那么多米饭，两个男同学很没底气地说晚上可以当夜宵吃。小蔡妈妈脸一横，问："那个小赵呢？以前都是你们仨一起来吃饭，现在怎么只剩你们俩了？你们说，你们每天打包剩菜回去，是不是给小赵吃的？"小蔡妈妈问。

"啊，我们，不是，是夜宵。嗯，那个，是的。"语无伦次中，男同学承认了是给小赵同学带饭。

"之前他不是包月吗？为什么这个星期不来了，需要你们带呢？"

两个男同学对视一下，道出实情："小赵爸爸打工摔伤了，这个月家里没有给他寄生活费，他本来想跟你说一下先赊一段时间的账，等家里周转过来，再补上。但黑板上，这不是写着……三个人来吃两个人的菜又不好，所以我们就商量出这个办法。对不起啊。"

小蔡妈妈没说话，沉默了一会儿，告诉两个男同学："你让小赵明天来，告诉他可以赊账，别吃剩菜。"

"啊，真的啊，太好了，谢谢啊，谢谢你，谢谢老蔡！"隔着一小段距离，我都能听出男同学语气中因为感激而有些颤抖的声音。

第二天，我再去吃晚饭的时候，看见两位男同学已经变成三位，估计有一位就是昨天说的小赵同学。黑板上依然大大地写着"本店小本经营，恕不赊账"，然而在右下角的位置多了一行小小的字，"如有问题，可找老板娘"。

不知怎的，我笑了起来，感到心里暖暖的。

等到隔壁桌男孩要走的时候，小蔡妈妈对小赵说：“那个小赵，你明天把你的学生证给我复印一下，这样的话，大家都放心。”

小赵本来如释重负的脸瞬间尴尬起来，红着脸努力挤出一丝笑容说：“好的好的，应该的应该的，谢谢老板娘。”

听到这句话，我很难描述当时的心情。我想，可以用一个词来形容——不爽，是那种面对心不甘情不愿但又必须接受的事情时的一种情绪吧。对于这件事我不爽了一小段时间，但后来想通了，也理解了。

那时我已经从实习工转成了正式工，但因为身体的原因，决定辞职准备考研。我把当月工资取出来交了接下来的房租，买了考研的书，经济状况惨淡，我也面临交不起餐费的问题。

想了很久，我决定去找小蔡妈妈赊账。为了让她放心，我准备了身份证、以前的工作证，还带了自己发表的文章，以证明不久之后我就会有稿费。我找到小蔡妈妈，还没有说出长篇大论的腹稿，她立刻就说，给她身份证复印件就好。

考研那段时间吃饭，小蔡总是隔三岔五给我端一小碗西红柿鸡蛋汤或紫菜蛋花汤或丝瓜肉末汤。我说自己没点这个汤，小蔡说：“别人点了，爸爸水放多了，一个大碗装不了，多出来的就给你了。”

现在想起这些细节，依然觉得很感动，可那时我只是很木讷地“哦”了一声，权当自己明白了。缺乏自信的我，总不能很充分、很及时地表达自己的情绪。

考研结束后，我立刻找了一份工作，等着3月出分数线。老蔡、小蔡妈妈也会问我成绩，我说还没公布，他们问感觉如何，我说应该考得不错，不出意外的话，应该能够过线。老蔡说：“如果你考到北京，那就不能继续来我家吃饭了啊。”小蔡很失落地问我：“哥哥，你要走了啊？”小蔡妈妈抓着老蔡就是一顿说：“人家考到北京是本事，凭什么让人在你这里吃一辈子饭。五块钱一顿的饭小刘吃了两年，以后就应该吃五十一顿、五百一顿的饭了。人不都是应该越活越好吗？”

老蔡讪讪地笑，我也不好意思地说：“小蔡妈妈，不会啦，我就是真的去了北京，回长沙肯定还会来这里吃饭的。”

日子一天一天地过，离公布分数线的时间也越来越近。一天，同学来找我吃饭，总共三个人，我点了四个菜。四个菜上齐之后，又多了一大碗猪脚汤和一条红烧鱼。这两个菜是大菜，我从来都不会点的。我着急地问小蔡妈妈：“是不是上错了，我没点啊，吃错了可赔不起。”

小蔡妈妈说：“吃吧，这一天每个人都会加菜，你朋友来了，就又给你多加了一个。”

“为什么?”我没懂小蔡妈妈话里的意思。

“今天 27 号，不是你生日吗？这里过生日的人当天都会加菜的，不只给你加，快吃吧。”

“你怎么知道我的生日？”话刚问出口，我就想了起来，小蔡妈妈那儿有我的身份证复印件。可身份证复印件不是为了避免我们拖欠餐费吗？谁能想到，小蔡妈妈会把每个人的生日都标记下来。

我叫了几瓶啤酒，喝了几杯，有点儿晕，我去敬小蔡妈妈，谢谢她。我举着酒杯告诉她一开始我特别讨厌她，觉得她没人情味，后来看见她同意小赵赊账，觉得她还不错。

小蔡妈妈听完之后，佯装生气，让我罚酒，等我喝完，她看着我和同学说：“没钱留身份证有什么用？收着你们的身份证复印件就是觉得你们一个个挺需要人照顾的，一般能把身份证复印件放在我这儿的人，都是老实孩子。”

“哈哈哈，老板娘说我是老实孩子。”我笑着对同学说，其中一个女同学眼眶都红了，我的眼眶也瞬间红了。

考研的成绩下来了，我的英语差了一分，有朋友出主意让我带着自己发表的小说，去北京找老师，看看有没有特招的可能。我去了北京，没有被特招，却在北京找到了一份工作。

我是真的要去北京了。临走前，我去老蔡的小饭馆吃了最后一次饭，和他们告别。小蔡哭了，躲在房间不愿意见我。老蔡既开心又失落，小蔡妈妈让老蔡又多给我做了两个菜，说是给我饯行，我没有推托。

一段历史就这么结束了。真是好快。

到北京之后，我工作特别忙，很少有时间回湖南。工作第三年，我被派到长沙出差录节目。我特意带了一些北京的特产，抽空回到当年住的小区去看老蔡全家，心里想着小蔡已经长成大女孩了吧。

到了之后，却发现老蔡的饭馆已经不见了，取而代之的是一家服装店。推开门进去，老板在店里。服装店的老板告诉我，他们回老家了。

“不是做得挺好吗？怎么说关就关了？”

老板看看我，笑了，说：“那个餐馆关了三年了。那时有很多孩子交了包月餐费，老板说这些孩子能找到一家便宜的餐馆不容易，本想能包一个是一个，谁知道那些孩子又带来了许多人，结果搞得餐馆几乎每个月都赔钱。后来老板和老板娘商量，那就等当时第一拨包月的孩子大学毕业就收摊。你也是那一拨小孩吗？”

我摇摇头——我是工作之后才来这里的小孩。

离开老蔡小饭馆的时候，我回头看了一眼，人来人往。

我想，一定会有不少人跟我一样，想起过去那些人和事的时候，会过来看一眼。想起那个留着剩菜打包一大盒米饭的自己，想起那个不好意思赊账的自己，想起那个让老板多放一些肉的自己，想起那些难以对亲人开口要生活费的日子，想起那些坐在一个泛着暖色灯光的小饭馆，喝一碗因为老板多放了一些水而变成的汤的日子。

（摘自《读者》2016 年第 16 期）

舍不得的好人生

李　娟

一

读书，不要想着实用，更不要有功利心。读书，只为了自身的修养。

邂逅一本好书，如同邂逅一位知己，邂逅一个善美之人。有时心生敬意，有时怦然心动。仿佛你心底埋藏多年的话，作者替你说了出来，你们在时光深处倾心相遇的一瞬间，情投意合，心旷神怡。

张潮说：“少年读书如隙中窥月，中年读书如庭中望月，老年读书如台上玩月，皆以阅历之深浅为所得之深浅耳。”读书达到这样的境界，人生也显得清明而透彻。

平日里读书，最喜欢的几本，大都来自古老雅洁的文字，来自源远流长的汉语。它们几乎与现实的浮华和喧嚣，永远隔着深深的沟壑。好书如佳茗，令人舍不得放手的，就是这样的好书。如《红楼梦》《幽梦影》《小窗幽记》……我依靠它们得到灵魂的安然。

恍然明白，读书的目的，原来只为了和好东西倾心相见，如：好事，好人，好物，好情。

有的书借出去了，还回来的时候，整洁依旧，不仅毫发无损，而且还包了洁白的书衣，仿佛花容月貌的女子，穿一件洁白的纱裙，内心一瞬间洁净喜悦起来，让我对还书的人起了珍重之意。我身边就有这样的女子，她纯净，博学，懂得文字的美好。在浮躁喧嚣的尘世间，能遇见这样一位爱书的女子，也是很幸运的事情。

其实借书，还书，也能看出一个人的品质和性情。

二

不舍的还有光阴。

抚摸一部旧书，仿佛揣摩一段光阴，又似观赏和留恋几十年前的月光。

我年少时拥有一部《红楼梦》，是20世纪80年代由人民文学出版社出版的，那部书共有4册，装帧精美，古意幽幽。书影上是一位冰清玉洁的女子，安然地依在山石旁，长裙垂地，拈花沉思。她心中默诵着：花谢花飞花满天，红消香断有谁怜。脚下的竹篮里盛满落花，她就是水晶心肝的林黛玉。年少时，我便读到人间最美的书，是多么值得庆幸的事。

有人曾问张爱玲，《红楼梦》《西游记》比起《战争与和平》《浮士德》哪部书好，张爱玲正言答道，当然是《红楼梦》《西游记》好。我也这样认为。

一部《红楼梦》沉浸在流年里，文字的魅力绵延、流传了几百年。它开启了多少人文学的梦想，也成全了多少人关于文学的梦境，连张爱玲也不例外，许多大家都是站在《红楼梦》的肩膀上触摸到了月亮。

此后多年，我随着父母从关中到了陕南，再回长安求学，辗转，迁徙，漂泊中，我遗失了《红楼梦》的第二册，一部《红楼梦》便成了残梦。我翻遍家中的每一寸角落，再也找不到它，它犹如遗失在岁月尘埃里的一颗珍珠，消失了。后来，我时常去书店或旧书摊淘书，希望能遇见同样版本的《红楼梦》，可是，再也不能了。李延年诗云：佳人难再得。其实，好书同样难再得。

世间很多事就是这样，离散了，走失了，便已是长长的一生。

我犹如遗失了一位情深义重的故友，丢失了自己绮丽的青春年华。好书难再得，一如知己难再得。

一生不舍的无非就是这些：骨肉至亲，三两知己；清茶一盏，好书几卷；看陌上烟花开遍，柳丝如烟。似水流年里，读书，写字，品茗，赏花，舍不得的好人生也不过如此吧。

（摘自《读者》2013 年第 17 期，有删节）

不污染，常持心

崔曼莉

井底之蛙逃出井口，必定叹天下之大。我尝遍江南绿茶，也不过是中国六大茶类中的一类。说起六大类的区别，其实也简单：绿茶不发酵，红茶全发酵。在不发酵与全发酵之间，有轻发酵的白茶、黄茶，还有发酵情况从轻到重不等的青茶（乌龙茶）。除此之外，还有全发酵的黑茶。黑茶中有名品普洱，但也有人反对把普洱归入黑茶，认为它应该单归一类。

白茶可以长期存放，存放后发酵演变的茶，特称老白茶。老白茶三年为药、七年为宝，可以去湿消炎。现在每到夏天，于清晨饭后，我爱泡一壶老白茶。茶汤亮丽、茶香独到，喝之发汗轻身，最解北方不热之暑。我说北方不热之暑，是因为我是个“火炉”里长大的人。北方再热也不觉有热，汗闷在体内，很难受。

总是有好茶能在我的生命里和我不期而遇。在喝茶方面，我是个有福的人。从小家里长辈都爱喝茶。母亲爱茶，也爱茶具。那套青玉兰茶杯，我失手打了一只，为此她十分生气。她是个珍爱物品的人，东西要好，然后用很长时间。她从不贪便宜，也不追奢华。力求能及之好，同时长久珍惜，这是她教会我的。可是她的责备让我很难过。我总认为感情可以抵得过一切。物是重要，但永远不及人重要。从那时起，我对一切物，包括茶，都不分好坏地去珍惜，同时也绝不以有或没有责备旁人。一件东西，身价再高也不是性命。万物有灵，生命可贵，生命里的心情更加可贵。

除了母亲，两位舅舅是我特别的茶友。大舅是位画家，对艺术、对茶都精益求精。每年清明之前，他都要前往江苏各地的茶场亲自挑茶，然后坐等制茶，等茶制好之后现场泡品，亲口鉴尝，过关之后便打包回府。他生活简朴，花在茶上的钱却让我不敢想象。他从不喝别人家里的茶，说实在不能入口。小舅是个家中朋友不断的人，一只白色搪瓷茶缸，无所谓好茶坏茶，泡了 30 年茶，泡成了深褐色。他说这茶缸如泡老的紫砂壶，开水冲下去也是好茶了。大舅笑小舅土，小舅回笑大舅执着。前年清明，二人于前往安徽途中双双遭遇车祸。一世兄弟，居然同年同月同日死，也算一种缘吧。大舅去世后，最后一本画册出版了；而在小舅的抽屉里，找到了许多欠条，都是他借给朋友们的钱，陆续二三十年，累积上百万。朋友们说，他从不欠别人一分钱，却常常接济朋友。这样的两个人，为什么会遇难呢？我心里总有不甘，葬礼结束后去拜访大舅的一个朋友，他已出家多年，是金陵某寺住持。去时又有大舅的旧友随同，众人喝茶写字，畅谈文化，似乎以这种方式哀思，便尽了最好的心意。我终于没有忍住，问出了之前的疑惑。住持笑了，说："你们写小说的，这一世的故事结束了，便结束了，他们要开始下一世的故事，有何不可呢?"

是啊。什么是好的结束，什么是不好的结束。生有生的一堆问题，死亦同样。我又何必执着。何必在这一世，追问上一世，打扰下一世。

这一世既然与茶有缘，就应珍惜这缘。要喝好茶，必然需要藏茶。绿茶当年饮，不饮时密封放入冰箱冷藏即可。其他老白茶，部分红茶、青茶与黑茶都可长期储藏。藏茶最大的妙处，是在藏的过程中，茶叶会发生变化。火气慢慢消退，滋味慢慢增长。有的茶天资出众，却在储藏过程中受到破坏，吸了脏空气，受潮发霉，味道恶劣，已不能饮用。有的茶天资平平，却因藏茶人珍视，多少年过去后，火气褪尽，干净澄明，虽非至宝，却已成难得的珍品。

所以，不以当下的好坏对人生加以判断是多么重要。一个人的爱茶之心，确实可以通过岁月与茶共同成长。人生来便不公平，但成年后的我们如何对待自己，就像储藏茶叶一样，是让自己变得更珍贵、更丰富，还是更贫乏、更平庸，都源于每一天中最简单的坚持：不污染，常持心。

（摘自《读者》2015 年第 15 期）

生命里，总会有一朵祥云为你缭绕

莫 言

这个世界，总有你不喜欢的人，也总有人不喜欢你。这都很正常。而且，无论你有多好，也无论对方有多好，都苛求彼此不得。因为，好不好是一回事，喜欢不喜欢是另一回事。

刻意去讨人喜欢，折损的，只能是自我的尊严。不要用无数次的折腰，去换得一个漠然的低眉。纡尊降贵换来的，只会是对方愈发地居高临下和颐指气使。没有平视，就永无对等。

也不要在喜欢和不喜欢上，分出好人和坏人来。带着情绪倾向的眼光，难免会陷入褊狭。咬人的，你不能说它是坏狗。狗总是要咬人的，这是狗的天性。也就是说，在盯着别人的同时，还要看到自我的缺陷和不足。

当然了，极致的喜欢，更像是一个自己与另一个自己在光阴里的隔世重逢。愿为对方毫无道理地盛开，会为对方无可救药地投入，这都是极致的喜欢。这时候，若只说是脾气、情趣和品性相投或相通，那不过是浅喜；最深的喜欢，就是爱，就是生命内里的黏附和吸引，就是灵魂深处的执着相守与深情对望。

这是一场诡秘而又盛大的私人化进程。私人化的意思就是，即使无比错误，也无限正确。有时候，你的无数个回眸，未必能看到一个擦肩而过；有时候，你拿出天使的心，并不一定换来天使的礼遇。如果对方不喜欢你，都懒得为你装一次天使。谁也不需要逢场作戏。尽管，一时的虚情假意，也能抚慰人陶醉人，但终会留下搪塞的痛，敷衍的伤。

所以，这个世界最冒傻气的事，就是跑到不喜欢你的人那里去，问为什么。不喜欢就是不喜欢了，没有为什么。就像一阵风刮过，你要做的是，拍拍身上的灰尘，一转身沉静走开。然后，把这个不喜欢自己的人忘掉。

一个人风尘仆仆地活在这个世界上，要为喜欢自己的人而活着，这才是最好的态度。不要在不喜欢你的人那里丢掉了快乐，然后又在喜欢自己的人这里忘记了快乐。

勉强不来的事情，不去追逐。你为此而累的时候，或许对方也很累。你停下来了，你放下了，终会发现，天不会塌，世界始终为所有人祥云缭绕。

谁都在世俗的泥淖里扑腾着。有的人天生是来爱你的，有的人是注定给你上课的。你苦心经营的，是对方不以为意的；你刻骨憎恨的，却是对方习以为常的。喜欢与不喜欢之间，不是死磕，便是死拧。然而，这就是生活，有贴心的温暖，也有刺骨的寒冷，不过是想让你的人生变得更加丰富，更加完整。

在辽阔的生命里，总会有一朵或几朵祥云为你缭绕。与其在你不喜欢或不喜欢你的人那里苦苦挣扎，不如在这几朵祥云下面快乐散步。

（摘自《读者》2014 年第 12 期）

从来不信这世间无路可走

伊　心

昨天和H聊天，她开心地说："我们住进新房子啦。"特意拍照给我看，书房的照片墙里有我们大学舍友的合照，窗台上一排绿色植物在明媚的阳光下青翠好看。

大学时，H的床铺在我的对面。她不止一次地跟我说："我一定要在毕业后两年之内让我爸妈住上新房子。"我一直以为她只是说说而已，因为普通本科毕业生两年的工资之于几十万的首付，简直是杯水车薪。

没想到毕业两年后，她竟真的兑现了自己的承诺。

她母亲没有工作，父亲在她初中时得了脑梗死瘫痪在床，花了很多钱治疗。原本便是低保户的家境更是雪上加霜。父亲刚生病时，她请假在家，一个星期没去上学，回去之后发现班主任召集全班同学给她捐了款。

隔天正好开家长会，H上台发言，说了很多个谢谢，然后把那些钱全退了回去。我不知道当时年仅 15 岁的她说了些什么，只知她说完之后，台下很多大人都落了泪。

H 说，从那之后她再也没花过父母的钱。她从重点中学转学到了普通中学，因为那所学校不仅不收她的学费，还给了她足够维持生活的奖学金。上大学时，她申请了助学贷款，并且经常出去打工，从每小时 30 元的家教到做各种各样的小生意。当然，做这些也没耽误她当学生会副主席。她是全院 600 多个学生人人钦佩的“厉害的人”。

她做任何事都任劳任怨。毕业前夕学院举办毕业晚会，她熬了好几个通宵剪辑视频，一点一点地做字幕，视频播放时那么多人感动得流泪，她也坐在台下安静地看，但知道她辛劳的没几个，她也不会说。

毕业之后她去了房地产公司上班，每逢开盘便加班，忙得团团转。为了早点儿攒够钱买房子，她跟我描述她的生活是“一分钱掰成三瓣花”。如今她不断升职加薪，但仍然穿最朴素、最便宜的衣服，仍然攒钱给爸妈买最好的东西。

今年“五一”我们小聚，我讲起我最喜欢的电影《百万美元宝贝》里的一段故事：热爱拳击的女主角拿到了艰苦比赛得来的高额奖金，却没有给自己买任何礼物，而是给妈妈买了新房子。没想到站在开阔明亮的新客厅里，她妈妈环视四周，气急败坏地喊：“你知不知道，有了房子我就拿不到政府的补助了！”她拿着钥匙的手颤抖了几下，原本期待欣喜的表情褪变成黯淡、绝望。

我跟 H 说：“我看到这一段的时候总是想起你，当然了，后半段不符合。”H 大笑：“后半段也符合，有了新房子，我们家现在也拿不到低保补助了，除非我从户口本上独立出去，因为房产证上写的是我的名字啊，哈哈……”

她一定不知道，在我苍白贫瘠的生活背后，因为她，因为她爽朗的笑声和弱小但蕴藏着巨大能量的背影，我竟凭空多了不知多少勇气。

在《我比谁都相信努力奋斗的意义》那篇文章中，我写了另一个大学舍友，她和 H 一样又坚强又磊落。

实际上，我还有好几个大学舍友，其中一个是一年四季都坚持每天五点半起床，或锻炼或学习，带领院队连续三年夺得校女篮冠军的勤奋小姐；还有一个是自学日语，一年通过了二级，在上海过得金光闪闪的灿烂女孩。

而在我的研究生女同学中，有人是《一站到底》某一期的“站神”，有人第一年就拿到了年薪 20 万的 offer（聘用信），有人开了自己的公司，有人 25 岁便博士毕业。

没有名校光环，没有倾城的容貌，也没有手眼通天的父亲。她们在自己选择的道路上踽踽独行，一步一步前往那个最想去的终点。在芸芸众生中，她们是那么普通，却用尽全力活出了最好的自己。

我在她们身边度过了成年之后最重要的时光。看着她们实习时起早贪黑，在寒冬大雪中的公交车站瑟瑟发抖；看着她们写论文时殚精竭虑，在浩如烟海的文献中一步步攀爬；看着她们工作后兢兢业业，在偌大的城市里找到微弱但温暖的光芒。

某次聚餐，几个男同事评论某银行女客户经理“付出了很多”，终于成了支行副行长。烟雾缭绕中，他们一水儿难以掩盖的啤酒肚，读书时的意气风发、炯炯目光消失殆尽。

我悲哀地在心底发出感叹，不管传言是真是假，为何男人破格晋升就掌声一片，而女人便要承受流言蜚语、质疑和指责？

相比起来，我更欣赏身边的这些女孩对学习、对职场、对生活的态度。她们在“剩女”被肆意调侃的世界里坚持着宁缺毋滥的原则，毕业经年仍然保持着清澈的眼眸；她们在女博士被称为“第三性”的时代里守护着做学问的单纯，对枯燥无味、没有尽头的学习生活保持着最初的热情。

她们似乎天生具备一种独特的韧性，在荆棘遍地的大环境里，既不呼天抢地，也不故步自封，积极适应着种种残酷的法则，然后在孤独又狭窄的夹缝里倔强地成长着，直至幼弱的蓓蕾终于绽放出散发幽香的花朵。

我也不喜欢一个老气横秋的同学每每带着怨气絮叨：“这个国家坏掉了……”

相比起来，我更喜欢陈文茜郑重其事的坦言：“在我成长的岁月中，日子不是一天比一天匮乏，反倒是一天比一天有希望，这是我们那一代人的幸福。”

她并非盲目闭塞，她只是看到在这片广袤的土地上，“忧患与安逸，悲剧与欢乐，永远并存”。

前几天看书，书中讲到有一名大学生对大学教育充满了失望与不满，财经作者吴晓波说：“办法其实只有两个：一是逃离，坚决地逃离；二是抗争，妥协地抗争。”

他说到自己在复旦大学读新闻系时，将数千篇新闻稿件肢解分析，一点点学习新闻写作的方法。因为老师说知识每一秒钟都在更新，所以他将自己关进图书馆，然后一排一排地读书。从一楼读到二楼，再从二楼读到三楼，最后读到珍本库。

如今他说：“当我走上社会，成为一名职业记者的时候，我一点儿也不抱怨我所受的大学教育。到今天，我同样不抱怨我所在的喧嚣时代。我知道我逃无可逃，只能跟自己死磕。”

而我也愿意相信，无论酷暑隆冬，无论受难与否，日日都是好日子。在我们至为短暂的生命里，希望并非聊胜于无的东西，它是所有生活的日常。

借用廖一梅在《恋爱的犀牛》中的一段话：“它是温暖的手套，冰冷的啤酒，带着阳光味道的衬衫。它支撑着我们日复一日的梦想，让如此平凡甚至平庸的我们，升到朴素生活的上空，飞向一种更辉煌和壮丽的人生。”

既然逃无可逃，就一起死磕到底。

我想，总会有一条路能带我们走向最想去的地方。

（摘自《读者》2015 年第 17 期）

感　恩

凸　凹

天气晴好，阳光普照，温暖盈身，使人慵懒。一如轻声款语送耳，浓情美意照拂，人心就温柔。也一如妇人，一被轻柔抚弄，就会像花儿一样无声绽开，她相信爱，因而归于单纯。所以，慵懒是温暖之上的温暖，单纯是温柔之上的温柔，都是感恩的模样。

家中那只柯基犬，玲珑小巧，却爱运动，只要房门一打开，它就蹿出门去，然后不停地回望，希望你把它跟随。如果你跟随了，它会露出欢喜的表情，即便是四肢肥短，小巷通衢，草地河畔，泥沙荒野，也回报给你足够的速度，让你以它为荣。

有个邻人也喜欢它的乖巧模样，远远地看到它过来，双手插进衣袋，做鼓弄食物的形状，且不停地呼唤。它自然是兴冲冲地奔跑过去，但邻人摊开的却是空空的手掌，它企盼的眼睛里便弥散出一片迷惘。

被捉弄过几次，以为它不会再听从邻人的召唤了，却见它依旧闻声前往。但是，当邻人爱抚的手刚要伸下来的时候，它却猛地转身跑了，徒让邻人的手凝固在半空之中。它则在远处眺望，不停地吐弄着它粉红色的舌头，表达着一种顽皮的嘲笑。我不禁心有所动：真诚收获真诚，欺哄收获欺哄，即便是小兽，也是懂的。

其实，邻人也不存恶意，只不过他是个上了些年纪的乡下农民，被儿子接进城来小住，看到城里人对狗比对人还娇宠，他心里有一丝不平。其实他对狗也是宠的，只不过儿媳豢养的那条金毛小犬从不允许他表达爱意——儿媳嫌他粗糙与脏，斥他远离。感到自己在家中的地位比一只小狗还低微，他有些郁闷。对家里的狗他不敢不敬，对街头的狗他自然而然要发泄一下。

他见我在不远处对他微笑，脸一下子就红了，嗫嚅道："你看看我，都一大把年纪了，还欺骗一只狗。"我说："没关系，狗不像人那样爱记仇，只要你真给它食物，它还是会跟你亲近的。"

"等等。"他说罢，转身进了楼廊，很快就又出来了，手里攥着几粒干果。他朝着我的爱犬招招手："小小，你过来，爷爷这里有好吃的哩。"

居然称之为"小小"（他孙子的乳名）！这样亲热的称呼，连狗都吃了一惊，但最终它还是迟疑地走近了他。吃净干果，小犬用温热的舌头舔舐着他干裂的手心，情意殷殷，一点也不嫌他的粗糙与脏。"爷爷"的内心，不禁生出一种从未有过的温暖。

小犬让他暖意萦怀，所以他总想给楼宇里的人贡献些什么。看到楼前有块空地，依农民的本性，他翻土施肥，修埂打垄，种了一片紫苏。紫苏俗称苏子叶，叶面呈油紫色，且有药香，系上好的调味菜蔬——生拌，或佐以细丁咸菜，祛毒、开胃，为居民所喜。特别是吃过水捞面，如果以其做面码儿，会吃得酣畅淋漓，即便吃得太饱，也没有撑的感觉。

紫苏体贴老人的用心，迅速蔓延出一片绿意，那嫩嫩的芽瓣正是入时的美味。他招呼邻人道："苏子叶就是给大家种的，快来吃个鲜儿吧。"

大家自然就来了，叶绿如酥，有谁不稀罕呢？人们小心地掐着嫩叶，一如不忍惊破美梦。他笑眯眯地注视着，说：“尽管掐吧，苏子叶命贱，你越是掐得狠，它越是繁衍得健旺。”

但是，人们还是掐得很节制，刚一成撮，就停住了。这让他很不解，催促道：“掐就是了。”邻人脸一红，说：“够了。”

怎么就够了呢？他不知道，施予者的注视会让承享者失去坦然的心情，一如大声说出“我爱你”，会让被爱者顿生羞涩，反而不知所措，生出退缩。

后来，他回老家打理一些事，紫苏被他暂时遗忘在那里。被遗忘的紫苏反而疯长——恩德既然被种下了，自然就有了属于自己的生命，有不懈怠的模样。疯长的紫苏会变老，会变得不能入口，邻人们懂得这个道理，心想，与其让紫苏变得无用，不如安心享用，便放手去采摘，以至于怀抱盈满，口中整日里都是紫苏的余香。

从老家归来，他本以为那片紫苏一定会很荒疏了，却看到它依旧青绿、娇嫩、齐整、油亮，便一下子明白了：一个人一旦把自己对别人的好处忘掉，恩德自己会走进人心里去。这之后，他只管给紫苏锄草、施肥，让它长得好，然后退隐到紫苏之外，暗看邻人欣喜。

欣喜之余，是人们对他的关心与尊重——端午节有人给他送粽子，中秋节有人给他送月饼，重阳节有人约他到河边公园看蹬高跷，元旦、春节有人请他喝好酒，俊男、靓女、美妇也不嫌他粗糙与脏。

翌春一日，小区里的一个老妇人抱来了两棵香白杏的树苗，对他说：“紫苏的空地上，应该再植两株杏。因为紫苏喜阴，有树遮挡，它慢长秧棵快长叶，就多了青嫩。再有，天长白杏，地长紫苏，上下都有收成，邻居们就多了喜乐。还有，白杏和紫苏，高矮不一，比对着就有景致，你说是不是呢?”

“是，是，自然是哩。”他便帮老妇栽下杏树。

杏树也一如紫苏，体贴人心，快速发育，一年成株，两年开花，三年就结果了。四年以后，年年果实满枝，红绿相间，看着就让人欣喜。且兀自挂在枝头，也不做宣言，任由嗜食者随性摘取。

我出生于山地，是吃山杏长大的，楼前杏树，便让我看到故乡余影。读与写到了月阑星稀，不由自主地踱出门外，在杏树下漫步。桠间杏果，一如夜之眼，多情地闪烁，不禁心热，摘食数颗。叩齿生津，文思如潮，踅回房间，笔底通畅，一如神助。后来，在一本散文集的后记中，我居然写下了这样的话——

虽物欲横流，风尘迷眼，但有书可读、有鲜杏可咀嚼的日子，却总是能让人心定，便节制了多余的欲念，安心于自足的精神生活。

因为一片紫苏、两棵杏树，让我虽身居市井，却情系乡关，想到草木性格和天地性情——草木虽卑微，却兀自生长，不惮冷暖，不计荣辱，坚韧、隐忍、沉静、皮实、忘我，活得本分、自适、自足——虽被磐石挤压，也能钻隙而出，向上生长。天地虽无言，且常常被人轻鄙，被人污损，却绝不仓皇失措，从容地应对，不虑得失——人一不如意就骂天，但老天从不怪罪，阳光依旧照进那家的庭院，雨露依旧滋润那家的田园；人一乱性就咒地，但大地从不计较，即便瘠瘦与旱涝加身，只要你播下种子，它就没心没肺地生长，供奉出果实。

此种雅意，两位老人自然不会想到，但他们的种植却唤来了一种别样的人情格局——楼宇里的人，每一相见，都要轻声细语地相互问好；阶梯一染飞尘，无须他人提醒，总有人主动打扫；卖大白菜的农车一驶进小区，便有人告知左邻右舍，备下冬储；路灯初上，相约散步，互通款曲；亭阁之下，对弈恳谈，大话家常……亲情融融，和乐一片，全不见别的小区那种不相往来而生成的心灵隔膜、人情冷漠。

因为，一如笑可以传染，善行和恩德，也一径蔓延开来——所在居民都觉得，凭空坐享其成是很不体面的，多少也是要尽些义务的。这不禁让我想到古罗马的圣哲西塞罗所说："受人善行后的首要义务是回报——土地所提供的，远远比它所接受的要多，所以，没有什么义务比对他人的感激更重要。"

哦，紫苏和杏树，温暖的感应，一如爱情——在爱中爱，在恩德中释放恩德！

（摘自《读者》2012 年第 24 期）

青春即兴小品

肖复兴

老钟是我少年时期的偶像，我最初对文学的爱好，可以说相当一部分是缘于老钟。那时候，老钟爱好朗诵，常常会模仿当时颇为流行的“星期天朗诵会”上的演员，朗诵一些朗诵诗，比如张万舒的《黄山松》、闻捷的《我思念北京》、贺敬之的《西去列车的窗口》。

老钟读高三的时候，我读初一。那一年开春，每次在我们大院里见到他的时候，他的嘴里都含着东西，和他说话时，他的声音含含混混的。我问他嘴里有什么东西，他吐出来给我看，告诉我是喉片。那时候，我从来没吃过这玩意儿，奇怪地问他吃这玩意儿干吗，又不是什么糖。他告诉我吃喉片可以保护嗓子，我才知道，老钟要考北京电影学院表演系，要好好用嗓子正儿八经地给考官朗诵他常朗诵的朗诵诗。

老钟考电影学院，准备得很认真。初试通过了，这让他扬眉吐气。复试，需要面试，我看得出他很兴奋，也很紧张，但充满希望。面试那天，老钟把自己打扮得油光水滑，换了件干干净净的白衬衫，早早地就骑着他爸那辆飞鸽牌自行车，去了北太平庄外的电影学院。

那一天上课，我总是有些走神，心里想着老钟的面试会是一种什么样子，总觉得挺新鲜、神秘的。下午放学回家，见到他，我问他考得怎么样，他眉毛一扬，说没得说！我又问这么有把握，他眉毛又一扬，说："老钟我这点儿自信还是有的。"

他告诉我，面试是先要他朗诵一段自选的篇目，他朗诵了《林海雪原》中攻打奶头山的一段。他对这一段轻车熟路，背得滚瓜烂熟，获得了考官的好评，这从考官的面目表情就看得出来。接着，考官把桌子上的一个墨水瓶递给他，让他以这个墨水瓶为小道具，表演一个即兴小品。这是面试的重头戏。

"我先朗诵了一段叶挺的《囚歌》。朗诵完'为人进出的门紧锁着，为狗爬出的洞敞开着。一个声音高叫着：爬出来吧，给你自由！……'这样一段有针对性的台词，我的双眼紧盯着前面坐的那一排考官，停顿了好半天。你知道为什么这时候我要盯着他们停顿吗？"

我说："不知道。"

"这就是艺术了，知道中国画里的留白吗？停顿，就是留白。坐在前面的那一排考官，这时候就是那些冲着我高叫要给我自由让我从狗洞子里爬出来的人，那些渣滓洞里的坏蛋！我就有了一种现场感。你懂吗？现场感，是表演情境中最重要的，是斯坦尼斯拉夫斯基学说里最重要的。"

听着他对我的这番慷慨陈词，我知道他还沉浸在白天的面试里呢。我听得有些云山雾罩的。"那你总不能朗诵完这首诗就齐活了吧？考官给你的那个墨水瓶呢？"我催问他，这是考试关键的地方。

他瞅了我一眼，颇为得意地说："这就吃功夫喽，道具不论大小，得用得恰到好处，秤砣虽小压千斤，知道吗？我用这墨水瓶里的墨水写好我的《囚歌》，临时把这首诗最后一句改了一下，朗诵到'将我连这活棺材一起烧掉'的同时，我把手里的墨水瓶朝那帮考官使劲儿地扔了过去。那帮考官都愣在那里了。”

尽管我非常佩服老钟在面试考场上这样出色的即兴表演。但是，最终老钟没有考上电影学院。事后，我安慰他，是那帮考官没眼光。他却说：“还是那个墨水瓶让我倒的霉。我没有处理好！毕竟墨水把人家考官的白衬衫都给染了。”

第二年，老钟不甘心，接着考电影学院。这一次，成绩还不如上次，名落孙山，连复试都没挤进去。因为考电影学院耽误了高考，老钟最终没能上得了大学。接连两次的失败，让老钟很沮丧，有点儿灰头土脸，常受他爸的数落。那时候，高中毕业没有考上大学的人，档案都归在街道，等待着分配工作。

第二年秋天要开学之前，街道办事处帮助老钟找到了工作，到我们大院附近的一所小学当老师，教语文。他挺喜欢当老师的。在课堂上，朗读课文是他的长项，也是他最喜欢的，同时，也最受学生的欢迎，成了学校的一绝。

我们大院有在那所小学上学的孩子，回来以后对我绘声绘色地讲起老钟的时候，我看见站在旁边的老钟的父母脸上笑容绽放。

三年过后，我高三毕业，考中央戏剧学院表演系。初试过关，复试之前，找老钟求教。老钟对我说：“面试中即兴小品是关键，一定要认真对待，我的教训要记取，千万别大意失荆州！”考试那天结束回家，老远就看见老钟站在我们大院的大门口等我呢。看得出，他比我还要紧张。那天夕阳辉映下的老钟的身影，常让我想起，像是一幅画，垂挂在我的也是老钟的青春记忆里。

（摘自《读者》2016 年第 15 期）

天下最完美的爱情

赵　敔

我在一年的最后一天的晨光中醒来，照例先去母亲的卧室。她还没有醒，这几乎是个例外。我站在床前轻轻地喊了两声，母亲睁开眼，看我的眼神有些迷糊。我赶快说："还早，再睡一会儿。"睡梦能让她忘掉一切——垂危的病体、疼痛和那些尘世的纠缠与烦恼。

我在工作与母亲之间穿梭：一边是工作——互联网的新浪潮，改变旅游行为的新概念，历史人文在旅游过程中的渗透，准确、便携、智能的用户体验；另一边是母亲的疼痛，身体像被撕裂一样的疼，令人心生绝望的疼。面对工作我得心应手、游刃有余，虽然有冲突、矛盾、不满，但现实生活中，有一个属于我的位置，有让我感到被认可、被肯定、被重视的存在感。然而，回到母亲的世界里，对她来说不断重复着关于疼痛的感受，永远都是新鲜的、必要的，她需要我感同身受式的安慰，渴望被我重视，尽管任何形式的安慰都无法真正减轻她的疼痛。

我尽量减少进入她房间的次数，她说话时声带的振动都可能引起肋间神经的疼痛，但只要看到我，她就要说话。她或许只是想让我更充分地理解她，可她不知道的是，她的每一次关于疼痛的表达都只会把我从她身边推开，让我离她更远，因为这种表达每一次都在加强我内心对她的歉疚和对现在局面的无力感。我无法感同身受，我无法代她疼痛，我无法逆转她身体正在衰亡的事实，我甚至无法向她表达我每时每刻的虚无感，以及对自己的不满和失望。我始终没有给母亲她渴望的：一个可爱的外孙，一个令她满意的女婿，一个和睦快乐的家；或者带着她去周游世界、品尝美食，体验所有新鲜浪漫的异国情调；再或者，让她觉得此生因为我而感到生命的圆满；也或许，因为我的存在，让疼痛化为无形，而不是任由她自己与疼痛纠缠、撕扯、抗争，我只是旁观者。

“我不求别的，只要不再让我疼，安安静静地待一天就足够了。”母亲绝望地、近乎哀求地说，但我们都不知道，她该去向谁哀求。

杨宏毅来的时候，已经临近傍晚。因为怕光，母亲要求把卧室的窗帘拉上，这样，突然从外面进来的人，一时间很难适应从炫目的明媚到死寂的幽暗的转变。他是从700公里以外的县城赶来的，前不久，母亲向他要一些吗啡片剂。在省一级的医院里，就算有特需证明，每次也只能由主任级医生开出三片麻醉类止痛药片，不过在母亲曾经工作过的县医院里就没有这么严格的规定。以杨宏毅在那里的级别和权威，他能有更大一些的权限，这次他是来送药和探病的。

四十多年前，刚刚大学毕业不久的父母响应“把医疗卫生的重点放到农村去”的最高指示，离开了医学院附属医院的病房，带着青春的无畏与爱情的甜蜜到了一个离省城700多公里的县城，那时他们才第一次听说这个地名。“那里的茶叶和野生菌都很有名，以后你就经常有好茶喝了。”母亲这样安慰喜欢喝茶和饮酒的外公。有爱人陪着，她一定觉得哪里都是世外桃源，都有良辰美景。举行完简单婚礼的父母在外公外婆无限的担忧中，在老师和同学对他们这种置美好前景于不顾的行为百思不得其解的疑惑中，踏上了他们人生中最重要的一段旅程。没有人知道他们将面临怎样的生活环境，只知道那里出产著名的茶叶和上等的野生菌；

没有人能预想到他们将展开怎样的人生际遇，在那个缺医少药的县城医院，一台已经被公认为常规、成熟的手术，都可能是一个新的开端，且身边没有老师、没有权威、没有良好的手术环境。

“那时候，我们心里只想说，在哪里都是当医生，更何况，那里真的需要我们这样的医生。”母亲回忆起这个改变了我们家庭命运的决定时这样对我说，“而且，离开了，我就不用再去同时面对你爸和甄叔叔，分手这件事，我心里一直对他存有愧疚。那时，我们三人在同一家医院，虽然是在三个不同的科室，但总归是抬头不见低头见。”一个只享受过瞩目与宠爱的少女在那个只讲革命的年代，当然不知道该如何处理这种令她尴尬的局面。母亲回忆说，很多个夜晚，父亲牵着她的手，从医院大门出来，她都能看到门口大树后面晃动着的人影，她当然知道那是谁。她不敢对牵她手的这个人说，更不敢跑过去跟树后面的那个人说“你别等了，我已经属于别人了”。她只是把头低得更低，好像看不到脑袋的身体就能隐藏起所有的事实。父亲从来都是坦然而笃定地往前走，偶尔还说着让母亲忍俊不禁的笑话。这个因为营养不良而显得瘦高羸弱的男人，用他的聪明、刻苦、好学，其实我认为关键还在于他吹拉弹唱的本领和幽默风趣的情调，彻底征服了母亲。而且，他更懂得如何不失时机地把心爱的女孩变为自己的女人，让她连试图逃离的念头都不敢有。

小的时候，我无数次从母亲与旁人的谈话中，听到她对父亲那种发自内心的热爱、仰慕、欣赏。在我的眼中，那是天下最完美的爱情，虽然没有王子也没有公主，更没有水晶鞋。为了让父亲能顺利地拿到医学院毕业证，外婆不得不提前终止街道分配给她的工作，用不长的工龄换成钱，帮父亲交清在学校欠下的伙食费。其实，外婆并不看好这个看上去弱不禁风的年轻人。站在一个长辈的立场，她对他的健康和日后在家庭中可能承担起的体力劳动表示担忧。就像没有人能阻止母亲要去当一名乡村医生的决心一样，也没有人能阻止她成为这个年轻人的妻子。外公外婆也因此背负着对甄叔叔的歉疚，他们实在看不出，他怎么就不值得女儿去托付终身。

情况并不像父母想象的那样顺利。坐了四天的长途汽车，他们来到只有一条马路的县城，卫生局给了他们一纸通知：这些来自省城医院、刚刚毕业的大学生，需要最基层的锻炼。于是，他们带着行李，又坐了一天的马车到达了乡卫生所，开始他们乡村医生的生涯。在他们来之前，这个卫生所里只有一个能给家畜治病的兽医。两年后，他们才正式成为县医院的大夫。在这两年期间，有一次，母亲因为翻山越岭去给一个难产的农妇做剖腹产手术，在回家的路上流血不止，因此失去了她的第一个孩子——一个四个月大尚在腹中的男婴。对于一辈子都希望有个儿子的父亲来说，这并不是一个不得了的打击，他乐观地认为他们还年轻，孩子以后还会有的。但母亲当时的状况父亲解决不了，也没有条件解决，他们只好连夜跋山涉水到地区医院。父亲背着依然出血不止的母亲上路，蹚河水、走山路，在公路边等待愿意让他们搭顺风车的好心司机。在无数次被拒之后，父亲咬着牙说："老子一定要生个儿子，长大让他当司机。"他绵柔的四川口音消解了这发誓赌咒中的狠劲儿。

他们终于可以回到县城工作了。除了临床实践，他们还办起了医疗短训班，杨宏毅便是短训班的第一批学员，也是父亲最得意的学生。父亲离开县医院后，杨宏毅接过老师的衣钵成了远近闻名的外科第一把刀。有一年，他希望自己在神经外科方面有更高的成就，于是到北京联系进修事宜，我们陪着他到过三四家医院，院方在看完他的学历证明后，十分不屑而且带着鄙夷的表情说："我们只接受研究生以上学历申请者的进修申请。"杨宏毅并没有我预料中的沮丧，他说："我还回去开我的刀，病人需要我。"他或许是从父亲身上看到作为一名医生如何才能得到病人的尊敬和爱戴——除了医术，最重要的品质就是仁心。

父亲被葬回县城后这些年，杨宏毅是每年清明必去祭扫的人之一。

他还像从前一样沉默少言，喊了声老师，问了问母亲现在的病情，剩下的时间都沉默着。临走前，他掏出几盒吗啡片——这是他花了三四个月时间才攒起来的量，他说，这几乎是整个县医院的存货。"疼了就吃，没有了我再送来。"他不知道的是，吗啡其实已经不能有效缓解母亲的疼痛了。

我没有心情留他一起吃晚饭，把他送到门口时，他突然停住。“情况不乐观，还是送医院吧。”他尽量压低声音说。我笑了笑。“你害怕吗？”他又问。我还是笑了笑。

母亲躺在床上，眉头紧锁，服药前她勉强吃了几口粥，就又躺下了。如果没有生病，母亲今天一定要张罗一桌子的菜，在摆满百合花、白玫瑰的餐桌上，举着装有红葡萄酒的杯子，挨个祝福一遍，然后喝下。她不胜酒力，只要一小口，就会两颊绯红、目光迷离，她独自笑着，尽是妩媚和风韵，或者一句话也能逗得她笑个不停，笑得不能吃东西，趴在桌上抖着肩膀。她觉得这是失态、丢脸，但我觉得那是她最美丽的时候，因为她全身心地陶醉了。

（摘自《读者》2015年第14期）

踏雪归乡

张金凤

一枝红梅挑开了腊月的门帘，北风中都是节日的气息，睡梦里全是故乡的年景。

年是一缸陈酿，被节令的咒符封存，在人们的殷殷盼望里，直到腊月才缓慢开封。当朔风扫净天空的阴霾，雪花浆洗了岁月的风尘，腊月的酒就再也封不住，香气四散，人们踏着厚厚的雪毯回到故乡，畅快淋漓地取饮那坛岁月的醇香。

年的香气就像一道岁月里的密码，折叠在二十四节气的夹缝中，尘封于十二月的窖缸底部，寒风凛冽的腊月，它被纷飞的大雪撩拨，封条瞬间风化。千里冰封也封不住的香气将基因里的密码激活，人们骚动不安，所有的指向都是一个方向：回家过年。

回家的路也许很近，中间没有万水千山，但却横亘着沧桑岁月；回家的路或许很远，需要用一年的盼望捻成一张票根。车站、码头、渡口、机场到处是拥挤的人群，各种各样的启程和出发，充满了隆重的仪式感。积攒久远的豪迈情怀，伴随着漫天飞雪进入高亢的乐章。患得患失的心情，焦灼不安的面孔，都为一张回家的票。回家的人摩肩接踵，回家的路一票难求，腊月里最动人的一句话是：有票了！手握一张回家的票，那才是握住了最大的幸福。租车、拼车、自驾车，无票也要回家，他们浩浩荡荡向着迢迢乡关进发。大寒小寒又一年，腊月的风雪分外殷勤，来给年的盛宴加油助兴，回家过年的人，头顶雪花，身披尘埃，日夜兼程，朝圣一般归来。

回家，是腊月里最闪光的主题。家里有什么呢？没有金山银山，没有香车宝马，甚至连大街上的路灯都疲倦地昏黄着。破旧的屋子、衰老的爹娘，被寒冷覆盖，跟简陋相依；老家是两扇柴门，当初，他一甩门扬长而去，现在只想回去，给当年那一声“吱呀”的哀叹忏悔。

火车、汽车、驴车都坐过了，最后需要用脚板去丈量那段崎岖的山路。在城市里走惯了柏油路的皮鞋被咬出满脚板的包，这仿佛是他欠故乡的一笔债，一回到这片土地上，那亏欠过土地劳作和汗水的脚就会疼。

远远望见几缕炊烟，泪就盈满眼眶。家乡的烟火还在，并没有因为你的远走而消失，它们一直努力地延续着乡村的暖，保养着土地的根；村头几棵老树更显沧桑，它们是村庄的年轮，枝丫上还刻着游子的童年故事；几段土墙已近坍塌，就像残破的黄卷，此间文章读来已经恍如隔世。

那么多从故乡出走的身影，他们或者淘到了金子，富贵成豪；他们或者折损了青春，收获了沧桑。每当他们夜晚独对星空时，浮华和名利都被过滤掉，他们的心灵惦记的是最初那两扇柴门，那是故乡的眼睛，铁锁锁不住它牵挂的眼睑。如今，他们回来了。越过两道房门才能到达他的里间屋，那是祖祖辈辈的规矩：年轻的后生要藏在最深的那间房间里。是不是从遥远的祖先那里就预言了孩子们远走高飞的线路，就那么深藏着？远在千里的你，梦里曾无数次推开家门，栖居在曾经厌倦的窄仄小炕上，一翻身才知道是硬板床或者席梦思。你在梦里哭出声来：闭着眼都能走准的家门，却那么远，那么远。

家或许因为偏僻依旧贫穷，因为贫穷你才会出走，但是那根线永在，那是根，是安放灵魂的地方，回家过年是一年一次的灵魂皈依，一年一次的状态还原。一年的打拼，城市的喧嚣和忙碌，让心变得坚硬无比，许多想念冰封在心底，许多感念来不及梳理，许多债，一直在那拖欠着。如今，就让年把你带到故乡踏实的火炕上，重温原初的旧梦。一年的辛劳，需要一个甜美的香梦来养足精神；一年的疲惫，需要一碗故乡的米酒来再次壮起行囊；一年的隐忍和伪装，吞下的苦辣，咽下的酸咸，需要在故乡的酒杯中慢慢软化。攥一把家乡土，骨头就更硬气；吹一吹村口风，打拼就更有劲；喝几天村口的甜井水，所有外面沾染的浊气就荡涤干净。在祖坟上放一挂扬眉吐气的响鞭，闯外的儿孙回来了。不管在外面受过多少风寒，摔过多少跟头，回到故乡的土地上，爷们都是掷地有声。

有些门还锁着，那些主人究竟此刻在哪里呢？当初，两扇门“咣当”一声落锁，墙头的狗尾草也咿呀，天上盘旋的燕子也嗟叹，一户空荡荡的门扉，追着打问号的乡路问：你要到何处去啊？

你手扶门板沉思，门板也是游走的游子，却总也走不出门框指定的距离。门框是门板的摇篮，用上下两个门臼，拴住了门板那浪荡的心。门板“吱呀，吱呀”，挠得门臼直响，门臼干涩的眼睛徒劳地看着一心往外飞的孩子。别嫌我箍得太紧，我不能撒手啊，一撒手你就不成才了。那些劝说和絮叨，连屋里的老婆婆都烦了：毛还没干呢，就想飞！磕头作揖不管用，一顿耳刮子就好了！说说罢了，刀子嘴豆腐心。炒菜的时候从筷子头上省下两滴菜油，顺着门柱头滴进去，反复摇两下门板。说，看看，还有没有本事耍脾气？被菜油喂过的门板果然就乖巧地顺从开合，再不喧闹。老婆婆手扶门框望向街门外，当年若舍得两滴油，孩子哪会远走他乡呢？那街门一直开着，当年出走的孩子，什么时候回来？

那些街门从此白天不落锁，它们随时等待闯外的亲人归来。老人们上坡下园，钥匙在门垛下的小洞里，在矮墙头的瓦瓣下，在门边的篱笆上，在南瓜叶子里，在一串扁豆花间，就那么在阳光下闪着亮晶晶的光。归家的人，只要还爱着家乡，那把回家的钥匙就不会丢。

一天天，一月月，那把锁思念钥匙和打开它的手，思念都结痂成黄澄澄的铁锈。那门槛寂寞地想念迈进迈出的脚步，思念得生出许多苔藓。故乡的老井、梧桐落叶、贴满花朵的窗，一院子的荒草和惆怅的蝴蝶，十二个月圆之夜的皎洁月光，都在老锁暗哑的喉咙里。

胡同里的脚步声是老态龙钟的锁返老还童的丹药。离家那么久了，孩子，门上的红对联朝来暮去地衰老了，墙头上的杂草繁荣之后又枯萎下去，野地里的禾苗，长大后又回到粮仓，游走他乡的包裹，你知道吗？一阵欢笑，一阵春风，哗啦，家门打开，铁锁那锈黄的牙齿间，露出难得的笑容，乡下那两扇嘴唇哆嗦的门板，却什么也没说出口。

那两扇门板很旧很老了，好像谁松动的牙齿，说不定啥时候就卸任了；又像谁渐渐失去力气抓不住什么的双手，要不了什么因由就撒手了。那门终究会破损倒塌，护不住一个荒芜庭院的旧闻和记忆。背着那扇家门行走的身影，踏雪归来，他已经明白，自己倾尽一生，都走不出家门的凝望。

（摘自《人民日报》2018年1月29日）

夜的尽头是家的灯光

马家越

我的父亲在河南开封长大。父亲一直在奋斗，考上了武大，来到武汉——一个全然陌生的城市。他在这里读书，工作，结婚，生了我。他的奋斗换来了一所理想的大学、一个合适的职业和一个幸福的家庭。这也许就是别人眼中我平凡的父亲——离家游子。他的心也许一半是黄河，一半是长江。

我仍记得，父亲那晚接我放学后没有带我回家，而是赶上一班火车，直奔开封。

父亲那时的表情，我从未读懂。

列车上，我们坐在窗边，父亲只是看着窗外，似乎想逃避什么。他只是告诉我，奶奶病危。话说得很慢，眼睛里似乎闪烁着什么，那不是眼泪，是一种难以言说的情感。他一定认为我当时无法理解他的心情。他是对的，那时的我的确太小，奶奶去世的消息传来时，我竟没有落下一滴眼泪。

长大了一点儿，我才明白，和自己深爱的人离别，心有多么痛。自己再也不能和她说话，再也不能久久地看着她的眸子，再也不能向她诉说自己的心事，想到这些，便潸然泪下。

对于父亲也是如此，造就自己、牵着自己长大的人走了，并且是永远地走了。

我一直单纯地认为这就是父亲全部的痛苦。

现在我知道，其中还夹杂着一丝恐慌，他也许明白，这个轮回，有一个人不能再陪他走了。他也许在奶奶身上看到了自己的影子，这都是我不愿说，也不愿了解的。

奶奶是中秋节去世的。几年之后的一个中秋节，我们刚搬进新房不久，父亲在奶奶的照片前点了一炷香，叫正躲在屋里做自己事情的我出来坐在他旁边。可之后他便不语了，只是静静地看着照片。我有点糊涂了，猜不出其中的意味，良久，父亲看着前方说："今后别再让你妈生气了。"

也许他在遗憾以前没有好好报答自己的母亲，现在没机会了。

不知道天下有没有人不想出去闯一番事业，然后衣锦还乡的。不知道衣锦还乡能不能弥补老人心中的寂寞。不知道最后的回家在终日的等待面前是否显得渺小。不知道天下有多少父母再也等不到儿女回家的那一天。谁会料到，自己一离家，也许再也不会回来。

可是，谁又能改变这一切?

也许母子之情在孩子小时候是最深的，因为那时孩子一无所有。

幸福的是，这些悲凉的事不曾光临我温暖的小窝，也没有在父母的家庭里徘徊，不知道我们这一代独生子女离家后，天下会生出多少老无所依的人。

我也明白，这个轮回终会由我来接下去。父亲那眼神中，也许还有责任。父亲的母亲已经将全部交给父亲，我明白有一天父亲也会将全部交给我，虽然我极不愿那一天到来。我也明白有一天我也会将全部交出去，虽然我不愿那一天到来。

那晚，我和父亲静静地坐在一起，我能感受到，他害怕失去的不只是他的母亲，还有他的孩子。他知道有一天他的孩子也会离家。

所以我努力和命运抗争，不要离家太远。可身体和身体间的距离总等于心和心的距离吗？我不懂。但我相信，没有身体的亲近，就不会有心的亲近。

父亲一直在弥补，他总是一有时间就回开封看看，谁不想念自己的故乡、自己的父母呢？父亲每年也都带我回开封，也许我的优秀正是老人心中的慰藉和幸福感的来源之一。

我在父母还未衰老的怀抱中，渐渐意识到，该轮到我了。

我的文章里总是有意识无意识地掺进很强的归属感，从磐石到蒹葭，从风到面朝烟雨的花。也许这正是我害怕失去的表现吧。

曾经空旷的校园让我懂得，不能依靠他人活命。的确，路要自己走，家要自己回。当你依靠着父母长大，走向独立后，再想回到那温暖的依靠是多么艰难。

（摘自《读者》2012年第11期）

放烟花

李　娟

村里只有我们一家汉族人，所以汉族的农历年似乎很多年都不曾正经地过过。但今年却决定认认真真过个年。于是我从城里买了几个大大的烟花，决定大年三十也热闹一下。五百多公里的路，倒了三回车。

回想一下，长这么大，还从来不曾放过炮仗烟花这些玩意儿。小的时候看邻居家孩子玩，并不特别向往。长大后，更没啥感觉了，反正我们家又从来不过年的。再说了，花那么多钱买回来，点燃后“砰砰”几下就烟消云散、一地碎纸，实在不划算。

但这一次却不知想到了什么。从来都没过过年，却突然那么想过年……莫非，年岁不饶人？

吃过饭，还兴致勃勃看了“春晚”——很多年来这也是第一次。然而电视屏幕上的噪音与雪花点势均力敌，看这样的电视，除了视力外，还得运用非凡的想象力。看到后来实在忍受不了了，便出去踢了两脚天线锅。回来时发现情形更糟，索性关了电视，决定放烟花。

没有月亮，外面漆黑一团。但星空华丽，在世界上半部分兀自狂欢。星空的明亮与大地的黑暗断然分割。站在院门口，一点也看不到村子里的其他房屋。没有一点灯火。这时候村子里的人都睡下了吗？又站了一会儿，才看清邻居家的院墙。

我妈打着手电筒照着我，看着我踩着墙角的柴火垛把烟花小心放到黑乎乎的屋顶，插在积雪里，又递上来几块石头，让我抵住烟花，怕它喷燃的时候会震动翻倒。四周那么安静，我没穿外套，冻得有些发抖，牙齿咬得紧紧的，却非常兴奋。

接下来我们开始商量由谁来点燃。因为都没干过这种事，还有些害怕。

“不会炸掉吧?”

“应该不会……”

“导线会不会太短?”

“应该不会……”

“会不会引起火灾?”

“应该不会……”

讨论完毕，我们都冻得抖抖索索的了，加之害怕，打燃火机后好半天才能瞄准导线。

烟花一点问题也没有，和曾经看到过的一样，一串串缤纷闪亮的火球从那里迸出，高高地冲向漆黑的空中，然后喷爆出一道道金波银浪。四周寂静无声，白雪皑皑。这幕强烈的情景不但没有撕破四周的寂静，反而更令这寂静瞬间深不见底。不远处的荒野在烟花的照耀下忽明忽暗，更远的地方，沙漠的轮廓在夜色中脉动了两三下。

时间非常短暂，我赶紧进房子去拉外婆，我妈也四处去唤赛虎和蛋蛋出来看。

外婆走得太慢，等拄着拐杖一步一步挪出门，都已经结束了，只看到残落的星星点点碎花最后飞溅了两三下。尽管这样，她也很高兴，惊叹了好几声，然后赶紧躲回屋子。外面太冷。

赛虎是个大笨蛋，一看到外面亮晶晶的，就一头钻到床底下死活不肯出来了。蛋蛋还跑到门口对着天空叫了几声。阿黄见怪不怪，卧在门口的狗窝埋头大睡，一点兴趣也没有。我开始点燃第二个烟花筒。这回是个喷花，彩色的火花像喷泉一样滋啦啦地四面乱溅，还甩得噼里啪啦直响，特别热闹。我和妈妈并排站在雪地里仰着头，看着烟花什么也不顾地挥霍着有限的激情。这烟花之外，四面八方茫茫无际的荒野沙漠……我们是在戈壁腹心，在大地深处深深的深深的一处角落里，面对着这虚缈美好的事物……若有眼睛从高远的上方看到这幅情景，那么这一切将会令他感到多么寂寞啊！

又同上回一样，外婆好不容易走到大门外，又只看到了点尾巴。

于是我不许外婆回去，让她在雪地里等着，当着她的面点燃第三个烟花。我妈也把赛虎硬拖了出来。

刚刚火花一闪，赛虎“嗖”的一声就没了，消失在远处的夜色里。但没过一会儿，又想回到我们这边来，便以烟花为圆心，绕了五六米的半径迂转回来。

这时，在火光中，才看清院墙外的黑暗中的高处不知什么时候已经站了两三个人，正静静地仰头凝视着这幕绚烂的——对阿克哈拉来说根本就是“奇迹”般的情景。我认出其中一个女人是我们的邻居，她穿着破烂的长裙，裹着鲜艳的头巾，笔直单薄地站在那里，我在瞬间看到她宁静冷淡的大眼睛在烟花的照耀下是那样年轻。远处有一两幢房子的灯亮了，有人正披着衣服往这里走。

但这一次同样很快就结束了。

我只买了三个烟花，再也没有了。他们又站了一会儿，等了一会儿，低声说了几句话，才安静地消失在黑暗中。

谁知到了第二天，从荒野散步回来，遇见的人都会由衷地赞美一声：“昨天晚上，你们房子那里好漂亮啊！”

真让人纳闷，深更半夜的，怎么会有那么多人看到呢？

甚至，连住在河对岸的老乡套着马爬犁子（马拉雪橇）来我们这里买东西时也这么说："昨天晚上你们这里真漂亮啊！你们过年了吗?"

别说，这还真是阿克哈拉第一次有人放烟花呢！明年我再也不买这种便宜货了，一定要买那种最高最大的，可以看好长时间的。一定要买好多好多，让所有人好好看个够。

（摘自《读者》2012年第8期）

我在春天等你

和菜头

不知道你有没有这样的经历：如果你在一个陌生的地方生活，尤其是在大都市里，那么任何关于家乡的点滴都会让你格外在意。它可能是你临出地铁时身后的一句乡音，也可能是小巷深处的一盘家乡美食，也许什么都不是，就像我那样，看到所有带“云”字的招牌都会愣那么一下。

在北京有一家店，它并不隶属于我，甚至店员和老板都不知道有我这么一个人存在。但是，这家云南土特产商店对我而言意义重大。曾经有很长一段时期，我经常跑到那家店里去买云南昭通酱，然后用父母教我的手法调制出肉酱。从厨房里端出一碗来，味道若是和昆明家里一样，我就会有一点小小的幸福感。那幸福太过微小，以至于我都不好意思和人分享，但它的确存在，也让我慢慢开始喜欢上这座城市。

要融入大都市的生活并不容易，需要很多时间一点点打磨自己，打磨到头颈灵活，行动如风，打磨到看什么东西都带着司空见惯的漠然和老练，打磨到面皮上混合着矜持和疲惫，进而形成一种疏离，然后你就再也离不开这里了。在这之前，我还有很多时间用小火慢慢熬我的滇式肉酱，前提是那家小店还在。

所以，我有一次在博客里写过这么一段话：

如果你时常经过北京花园东路，请你帮忙看看位于高德大厦和图书馆咖啡之间的那家云南土特产品商店，然后告诉我它一切安好，还在卖着各种云南的山货，还有昭通酱、油鸡枞和油腐乳。那么，我就可以一直在厨房里做出自己喜欢的酱来，放在面条里，抹在馒头上，度过北京这漫长的冬天。

今天，我突然在微信后台收到了一位读者的留言，他说：

菜头，你说的在牡丹园东路上的那家土特产店还在，但开始和周黑鸭共用一店。我想，它肯定能撑过这个冬天。我在土特产商店对面的大厦上班，今年我们公司业绩不好，整个部门被裁撤……以后我不能够常看到它了。最后再跟你报告一次：它还好，应该能撑过这个寒冬。

我突然意识到，一年将尽。每到年关之际，一些公司会裁撤人员，补充新人，在上一个财年之内解决问题，这样就可以节省一笔不菲的红包。每一个冬天都同样寒冷，但是对于那些失去职位的人来说，他们在经历一个更加严酷的凛冬。

对此，我们已经习惯了，习惯了三里屯，也就习惯了唐家岭；习惯了 798，也就习惯了圆明园；习惯了这座城市的包容，也就习惯了它的冷酷。而对于我来说，我非常感念这位陌生人，我们甚至都没有见过，他却愿意为我默默守望着那家根本不属于我的店。我们彼此并不相爱，也不仇恨，甚至也说不上是喜欢，那些情感都太重了，重到这繁华的都市根本承载不了。我们之间足够遥远，遥远到足够安全，但是，我们又能够在一家小店的玻璃橱窗上看到对方的面孔，知道对方就在这座城市的什么角落里，那家店就是我们存在的证明。而这证据又极轻，轻到瞬间就可能消失不见，失落在这座城市的深处。

即便如此，我还是想送上我的祝福。陌生人，无论你在哪里，无论你今天是怎样的境遇、怎样的心情，无论你今天是想开口倾诉，还是缄默不语，我们之间始终存在着某种脆弱而遥远的联系。我们无须见面，但是彼此理解，甚至拥有某种无言的默契。我路过一千个街口，那里必然有你走过的足迹；你路过一万扇橱窗，其中一定有一扇我曾经张望。

我们没有那样的运气，可以在昏暗的小酒吧对坐，细数着一年来身上留下的伤疤；也没有那样的时机，可以目睹对方的诸多挣扎和脆弱，看见对方如何跌倒在泥泞里，并试着努力站起来。我们只是时空交错里的陌生人，面对面走过也不可能相认的陌生人。

在这个寒冷的冬天，我站在过街天桥上，看太阳如弹丸一样落下，却不知道应该对你说什么好。陌生人，我没有宽慰的话，那样的话从何说起；我没有安慰的手，那样的手没有肩头可以落下。我只是想告诉你：你所经历的我也曾经抵达，我正承受的也许甚于你今天所遭遇的。可是，我还是想和你做一个约定，就像是守望那间小店一样的邀约：我在春天等你，希望你也能同样到达。

（摘自《读者》2016 年第 18 期）

枕头顶子

常书侦

在昔日农家的土炕上，唱主角的除了被子，就是圆滚滚的枕头了。

枕头的直径一般在半尺左右，长度大概是一个人枕的短些，两个人枕的长些。枕头虽然长短不一，但它们的两端都有一副顶子。顶子上绣着各种喜庆吉祥的图案，被叫作“枕头画”或“枕头花儿”。这些带有花花绿绿图案的枕头，不但成为炕头上的亮丽看点，也表达出农家对美好幸福生活的无限向往与渴盼。

枕头顶子是民间刺绣艺术的一朵奇葩。它一般半尺见方，多用红、蓝、黄、白四色线刺绣而成，色彩斑斓又不失和谐大方。图案包括花鸟虫鱼、民间传说、神话故事、庄稼五谷、瓜果蔬菜等，蝶恋花、鱼卧莲、花开富贵、鸳鸯戏水、麒麟送子、八仙过海、青蛇白蛇闹许仙、牛郎织女等是常见的花样。识些字的人家，枕头顶子上还会绣上吉利文字，如：五谷丰登、风调雨顺、二十四节歌等。看着这些生动的图案，浓郁的乡土生活气息扑面而来。

炕是农人睡眠栖息之地，和灶台一样是家庭中最温馨、最具生活气息的所在。当农人上炕歇息之际，枕头顶子上色彩绚丽的图案以及其美好的寓意，可以起到安慰心灵的微妙作用。娃娃们在炕上玩耍，从小接触这些花样和文字，把它们牢牢刻在幼小的心灵里，到老都不会忘记。在乡间流传着这么一句话："枕头美，睡得稳。"的确是这样，枕着一只寓意美好、色彩艳丽的花枕头，自然好梦常有！

以前，村子不论大小，都会有一两名善于画枕头顶子图案的巧媳妇。她们基本上担负了整个村子枕头顶子图案的设计和绘画工作。谁家如果要做新枕头，这家的女人就会找上门来。只要你一开口，讲清是给何人做枕头的，巧媳妇们就会根据不同的要求设计出新图案，直到对方满意为止。讨到画样子的女人，喜滋滋地回到家里，经心用意地开始刺绣了。到了阴雨天，不能下田干农活，几家的女人就会带上花绷子、针线笸箩等一应物品，不约而同地来到张大婶或李大娘家，坐在炕头上，边拉呱边绣枕头顶子，一边绣一边互相评点，看谁绣得好，绣得快。尤其是几个年轻女子聚到一起，边绣边切磋技艺，如果谁有了新鲜图样，大家便争着"替样儿"。她们轻声细语地说着、笑着，闺趣盎然，不但陶冶了心性，也加深了彼此之间的感情。她们都在心里暗暗使劲，力争在结婚前拿出两对最漂亮的顶子做成枕头当嫁妆，因为在结婚那天，枕头要摆在洞房炕头最显眼的位置，让前来贺喜的大娘婶子嫂子小妹们看一看她的心儿灵不灵，手儿巧不巧。

当然，一个村子仅凭一两个巧媳妇来设计、绘画枕头顶子，难免套路少了些。因此，每当有外乡的姑娘嫁到村子里来，就会给这个村子的枕头顶子带来可以取长补短的新图样。这样一来，经过上百年的交流，成千上万次的修改，一些图案已千锤百炼成为经典而代代流传至今。

现在，农家的日子早已巨变，土炕换成了席梦思，圆滚滚的枕头基本上销声匿迹，取而代之的是由枕芯、枕套组成的扁形枕头，自然也就没有了花花绿绿漂亮的枕头顶子。只是在农家老屋里，居住在这里的年长者的床铺上，偶尔能够见到一两只带着花顶子的圆滚滚的枕头，让人有恍如隔世的感觉，不由唏嘘不已。

（摘自《光明日报》2017 年 9 月 5 日）

野荠菜

于保月

农历三月三，荠菜赛灵丹。

严冬刚过，清明前后，耐寒力和生命力极强的野荠菜，就已经在大江南北的田埂、草地和溪头边露出了头。闲不住的乡下人这时候便会禁不住挎上一个小篮子，下地采摘野荠菜了。

乡下的孩子采摘野菜的能力是城里的孩子无法比拟的。也可能是出于天性，也可能是从小环境熏陶的缘故，哪些可以食用，哪些不能食用，他们从小就能分得清清楚楚。

野荠菜，又名地菜，俗称百岁羹、清明菜（草）、护生草、净肠草。作为食用野菜，最早在《诗经》里就有“甘之如荠”之句，可见起码在春秋战国时期，古人就知道荠菜味道之美了。我国北方和南方普遍有食用野生荠菜的习惯。荠菜性味甘平，可炒食、凉拌，可作菜馅、菜羹，食用方法多样，风味特殊，是初春最早可食的野菜，也是乡下人初春季节饭桌上的时令菜肴之一。

初春的野荠，叶绿鲜嫩，味道鲜美，营养丰富。它是野生一年或二年生草本植物，多长在田边地角或湿润的河边溪头。野生荠菜有着极强的生命力。一棵荠菜，从根部分蘖，可以分出三四个头或者六七个头来，每一个头都有一根花茎从各自的菜心里挺出来，可以长到尺把高。每一根花茎又可以分出许许多多叉来，每一根叉都能开花。花茎是一边开花一边往上长，下面的结籽了，上面的正开着花。花细小，白色，无味。也许有微弱的气味，只是人闻不到罢了，否则不会有小虫子在花间飞舞。花籽极细小，色金黄，像煮熟了的鲫鱼籽。

开春的田野上，野荠菜随处可见。它那清新绿嫩的样儿，在那还是干枯的野草丛中和荒芜的田间地头，人们一眼就能发现它的身影。一丛丛、一簇簇，绿得像素雅的碧玉。尤其是清晨的时候，你走到它的跟前，那叶片上的水珠仿佛是会闪动的眼睛，向你发出热情的问候。特别令人感慨的是，在过去生活困难的年代里，农村乡下的人们从心眼里感谢大自然的这种馈赠。正是有了野荠菜这样的时令野菜，人们才能度过生活艰辛的日子。

如今的野荠菜，还是那么招人喜爱。从乡下到城里，人们喜爱的程度与日俱增。荠菜的味道特别鲜美清香，这是因为它含有 11 种氨基酸，营养非常丰富。现代医学研究表明，荠菜含有胆碱、乙酰胆碱、芸香糖甙、芸香甙、木犀草素，能治疗多种疾病。民间常用荠菜羹治疗高血压、肠胃炎、肾炎、痢疾等症。荠菜根白色，茎直立，单一或基部分枝，基生叶丛生，挨地，莲座状、叶羽状分裂，不整齐，顶片特大，叶片有毛，叶耙有翼。茎生叶狭披针形或披针形，基部箭形，抱茎，边缘有缺刻或锯齿。开花时茎高 20 厘米至 50 厘米，总状花序顶生和腋生。花小，白色，两性；萼片 4 个，长圆形，十字花冠；短角果扁平，呈倒三角形，含多数种子。荠菜的药用价值很高，全株入药，具有明目、清凉、解热、利尿、治痢等药效。说它赛灵丹，可能就与这些本身的特性有直接的关系吧。

永远也忘不了小时候在家乡采野荠菜的情景。因为是小孩子，只能跟在大人们的身后，一蹦一跳地去采野荠菜。刘奶奶当年还是一双金莲小脚，但身子骨既硬朗又健康。每当春天天气好的时候，她就会领着胡同里的一群小孩子去野外采荠菜。

刘奶奶是个责任心强的老人，领着一大群孩子在野外，总是不停地招呼着这个别在坡陡的地方，那个别在河水里湿了衣裳。一会儿，这个跌倒了，她忙着去安抚；一会儿，那个被荆棘划破了手，她又会忙着去包扎。尽管这样，刘奶奶从不发脾气，脸上总是溢满了慈祥的笑容。

在采野荠菜的过程中，刘奶奶会耐心地教我们认识各种各样的野菜。她把野菜一种种摆在地面上，如何采摘，如何辨别，都讲得头头是道。

野荠菜采回家后，刘奶奶会盘坐在胡同口，认真细致地往小箩筐里分摘这些野菜。每当这时候，街坊邻居的大人小孩就会围坐一圈，听奶奶讲那些不知是什么时候发生的有趣的故事。一阵接一阵的笑声，总是在胡同里响个不停。

邻近吃饭的时候，胡同里就会飘散出野荠菜诱人的香气。街坊邻居们总会在这时候，收到刘奶奶送来的一盘盘一碗碗菜团子或凉拌菜。小时候，这种乡下人特有的邻里和睦的亲情，总是幸福地充盈在自己的心田……

那时候的乡下，家家日子都不富裕，不仅小孩子放学后需要下地挖野菜，大人们也会在农忙的间隙去采摘野菜。记得父亲下地干活回来的时候，总是会在背后的筐子里拿出一把把的时令野菜。那是父亲在田间地头随手采摘的。里面包含野荠菜和其他的野菜，鲜嫩鲜嫩的。母亲会在简单地清洗过后，马上下锅炒一下，饭桌上就会又多出一盘清香可口的青菜。

记得那时候家里做荠菜最多的是用玉米面包的菜饼子。在那口用柴草烧热的大铁锅上，锅底的热水冒着热气，母亲会把一个个菜饼子很利索地贴在锅沿上。一会儿，就能从锅里铲出一个个香气四溢的菜饼子。

用野荠菜做的菜饼子好吃，用野荠菜做的海鲜汤味道更佳。小时候海边的海味较多，而且特别新鲜，母亲就会用采摘来的野荠菜，配上刚刚从海里捞上来的大对虾或牡蛎肉，放在一起，做成青菜海鲜汤，有时候也会在里面放上一把挂面，做成满满一大盆，放学回家吃饭的时候，我一次能吃上几大碗。那鲜美的味道，至今想起来还特别留恋。

如今，在城里的菜市场上偶尔也会见到这些乡下特有的野菜，只不过是人工栽培的了。过去年代生活艰苦的时候，人们吃野菜是为了充饥。现在城乡的人们吃野菜，更多的是调节一下生活，让自己更健康，让生活更绿色环保。

一道野菜，如同一面镜子，显示着时下大众生活的美好和富足。在品尝大自然馈赠的菜肴时，更应该感受到这种平淡日子的快乐，体会平淡日子里健康与幸福的满足与意义。

（摘自《人民日报（海外版）》2017 年 5 月 27 日）

桑　树

毕飞宇

村子里到处都是树，但我们也不会不讲究，逮着什么就爬什么，不会那样的。正如商场里的玩具可以标出不同的价格一样，我们眼里的树也是明码标价的。最好的、最贵的，只能是桑树。

第一，桑树不像槐树、杨树那么高，它矮小，枝杈也茂密，这一来爬到桑树上去就相对容易、相对安全了。第二，桑树的木质很特别，它柔韧，有充足的弹性——弹性的美妙就在这里，当我们爬上桑树，站在树枝上，坐在树枝上，或躺在树枝上时，只要轻轻发力，我们的身体就晃悠起来，颠簸起来了，那种感觉是妙不可言的。荡漾不只是美感，也是快感。即使桑树的枝丫断了，那也是藕断丝连的，最后能撕下好大好长的一块树皮——我们是摔不着的。

我实在记不得我们在桑树上度过了多少美妙的时光，桑树的弹性给我们送来快乐，这快乐似是而非，不停地重复。重复，我想我终于说到问题的关键了。我们的晃悠在重复，日子也在重复。重复真是寂寞，那些傍晚的寂寞，那些黄昏的寂寞。

我儿子五六岁的时候，我已经是一个年近四十的中年人了。有一天傍晚，我和儿子在小区的院子里散步，夕阳是酡红色的，极其绵软，很大，漂亮得很，骄傲地，也可以说寥落地斜在楼顶上。利用这个机会，我给儿子讲到了李商隐，“夕阳无限好”嘛。我万万没有想到的是，小家伙的眼里闪起了泪光，他说“最不喜欢”这个时候，每天一到这个时候他就“没有力气”。作为一个小说家，我是骄傲的，我儿子拥有非凡的感受力，也许还有非凡的审美能力。但是，作为一个父亲，我突然就想起了那些“遥远的下午”。在乡村的一棵桑树上，突然多了一个摇摇晃晃的孩子，然后，又多了一个摇摇晃晃的孩子。我没有给孩子讲述他爸爸的往事，我不希望我的孩子染上伤感的气息，那是折磨人的。从那一天开始，我每天都要在黄昏时分带着我的孩子踢足球，我得转移他的注意力，我要让他在巨大的体能消耗中快快乐乐地赶走那些忧伤。差不多是一年以后了，在同样的时刻，同样的地方，我问儿子：“到了黄昏你还没有力气吗?”儿子满头是汗，老气横秋地说：“那是小时候。”苏东坡说：“人皆养子望聪明，我被聪明误一生。惟愿孩儿愚且鲁，无灾无难到公卿。”我不是苏东坡，我儿子也不会去做什么“公卿”。可无论如何，做父亲的心是一样的。

我要说，乡村有乡村的政治，孩子们也是这样。我们时常要开会。所谓开会，其实就是到哪里偷桃，到哪里摸瓜，这些都需要我们做组织上的安排和分工。我们的会场很别致，就是一棵桑树。这就是桑树“贵”的第三个原因了。世界上还有哪一种玩具可以成为会场呢？只有桑树。一到庄严的时刻，我们就会依次爬到桑树上去，找到各自的枝头，一边颠，一边晃，一边说。那些胆小的家伙，那些速度缓慢的家伙，他们哪里有能力爬到桑树上来，他们当然就没有资格参加会议。

既然说到桑树，有一件事情就不该被遗忘，那就是桑树的果子。每年到了季节，桑树总是要结果子的。开始是绿色，很硬，然后变成红色，还是很硬。等红色变成紫色，那些果子就可以被当作高级水果来对待了，它们一下子柔软了，全是汁液——还等什么呢？爬上去呗。一同前来的还有喜鹊。可它们也不想想，它们怎么能是我们的对手？它们怕红色，我们就用红领巾裹住自己的脑袋，坐在树枝上，慢慢地吃，一直吃到饱。它们只能在半空中捶胸顿足，每一脚都是踩空的。它们气急败坏，我们就喜气洋洋了。

到了大学一年级我才知道，桑树果子是很别致的一样东西，可以“入诗”。它的学名优雅动人，叫桑葚。“于嗟鸠兮，无食桑葚。于嗟女兮，无与士耽。士之耽兮，犹可说也。女之耽兮，不可说也。”不要摇头晃脑了吧，《诗经》的意思是说：鸠鸟啊，不要贪食桑葚，吃多了会醉倒。美女啊，不要沉迷于爱情。男子沉溺于爱情犹可解脱，女子一旦堕入爱河，则无法挣脱。

所以啊，我要说第四了，桑树也是好吃的玩具。

（摘自《读者》2016年第16期）

向日葵

刘梅花

那个村庄，在沙漠里。向日葵呢，都种在沙滩上。我们村的人，都叫它葵花，还不知道它有个名字叫向日葵。

葵花长到和我一样高的时候，就快要开花了。爹说，浇一遍水吧，不然花开不肥。这么一说，我和弟弟就低下头不言传了，我俩都很懒的。爹谄媚地笑着，黄黑枯瘦的笑脸也像葵花一样，跟着我们转，那么饱满。

浇水就要追肥，这简直是一定的。爹拎着铁锹，在每株葵花根底下剜一个小坑，我跟在后头，往小坑里填一把化肥。弟弟扫尾，一脚踢进去土，把土踩实，埋好化肥。弟弟踩得很快，在后面喊着：“梅娃子，你快些行不行?”

我也催着让爹快些剜坑。货郎跑得那么快，不是腿脚好，是因为后面被狗撵着。

我跟得紧，葵花硕大的花盘和爹擦肩而过，反弹过来，梆的一下打在我的脑门上，打得我晕头转向。爹一转身，讨好地笑，他知道我动不动就尥蹶子不干活了。明亮的，青灰的，散发着刺鼻气味的化肥，在地里撒了一层，像落了霜。让水随便冲好啦，怎么冲，肥水还都在自家的田里。

水渠里的大水已经哗哗地奔涌来了，像没套上笼头的野马，横冲直撞。水冲进葵花田里，我听见十万葵花咕咚咕咚喝水，直喝得打嗝儿。

浇过水之后，那些化肥，就暗暗催着葵花生长，狗撵着一样。才两三天，葵花就全部开了。

十万葵花开，那花儿像火苗一样扑跃，灼灼地燃烧起来。村庄被花攻陷了，沙漠也被花占领了。上学的路上，路两旁都是葵花拥挤的笑脸。葵花开呀开呀，浑身的劲儿都拿来开花。它们这么高兴干吗呢，龇牙咧嘴的，开得一塌糊涂。

太阳在哪，花朵就朝着哪。多么神奇的花呀!

我爹坐在田埂上吸烟。他把烟渣子揉碎了，卷在报纸裁成的纸条里，卷好了，慢慢吸着，好像很香甜。一口一口，吐出淡蓝色的烟雾。他看着一地碎金子一样的花，满眼的舒畅，回头说："丫头，这葵花开美咧!"

我汗流满面地打杈枝。叶腋下偷偷伸出来好多枝，顶着拳头大的花盘，也企图开个花。这些都要摘掉，不能要。顺便看脚下杂草，不顺眼的，一脚踢飞。

打下来的叶子、花盘，都是灰毛驴鲜嫩的口粮。它幸福地嚼着，嘴角淌着绿色的汁液，浑身闪着油亮的光芒。咴咴地叫两声，身上的皮毛抖动着，颤颤的。

我家还有一只大肚子的羊，也在田埂上吃葵花叶子。我故意把叶子扔在它的脑门上，它甩甩脑袋，不看我，急着挑挑拣拣地搜寻着细嫩的叶子吃。这是一种境界，它的眼里只有草，没有我。

清晨，阳光倾洒在沙漠里，倾洒在葵花上，那种金黄，简直让人束手无策。十万朵花，面朝东方，似乎可以听见轰轰烈烈燃烧的声音，如火如荼，连沙漠都快要被花儿点燃了。

万籁俱寂，只有花开的声音。鸟不鸣，花却喧嚣。看一眼，被野性的美击打得丢盔弃甲，落荒而逃。太美的东西，让人自卑。

一场盛大的花事席卷而过。花开盛后，就收了。葵花子开始变得饱满，一天天鼓胀起来。花谢是开花的盛事。

葵花子饱满之后，花盘都要被割下。家家户户都割走花盘，把枝秆留下。留在地里的葵花枝秆，像一地拐杖挺立着。拐杖不绿了，慢慢变得枯黄、黑瘦。叶子在风里瑟瑟地抖，枯萎着，也被风摘走了。

一地枯瘦的骨头，寂寞，衰老，撑在一天天变冷的天气里。

前半生荣华，后半生寒碜——你以为这是真的吗？

不是，那没有花盘的光秆秆，脖子朝前伸着，还是向着东方，一丝不乱。十万拐杖，脖勾都朝前伸着，向着太阳，暗含着一股强大的气势。这疏朗辽远的意境，真有种惊心动魄的美。

一个初冬的清晨，我上学迟了。出了村子，突然被一种浩大的气势震撼了：大漠里浩浩荡荡的十万葵花秆，仿佛从天空射下来的密密麻麻的箭镞，令人惊诧。枝秆上落了明亮的霜，在阳光下闪着光。葵花脖子勾着，都朝着东方，黑炯炯的，像眼神。一根都不曾乱，肃穆，庄严，苍茫。那种萧萧气势，一下子让我慌乱。我担心，它们会在某一时刻屈膝下跪，叩拜东方。

倏然泪下，因为感动。天啊，这些光秆秆的心里是怎样的情分啊！苍茫大地，草木才是主人，我们只是过客。

光阴里一定藏着一些我们不知道的秘密，草木知道，天地知道。就算枯萎了，失去了花盘，内心的坚持还是一样的，还是纹丝不乱。万物生，万物荣。而这肃穆，这萧瑟，都是天意——只有草木自己洞悉。

（摘自《读者》2014 年第 14 期）

床之读　路上书

阿　占

床头，旅途。若与一本书相好，我便锁定这两处欢场。

夜晚斜靠床头，一切都安静下来，一切都沉落下去，这时候的我极易灵魂出窍，跳脱至半空，俯身去看一个幸福的人——我看见我捧着书，不拘哪里翻开来，都可以顺着看下去，一脸的安好与知足。我抚书，如抚着生命过往中的最爱，这一种形式上的永恒感，像月光，像大海，像礁岩，像凤凰老城的青砖，像美索不达米亚平原上的苏美尔雕刻……直到快乐地倦了，书从手中滑落，像刚刚服过迷幻药一样，以最舒展的姿势进入梦乡。

无市声乱耳，无案牍劳形，最天然最持久的床上之读应为侧卧，且是向右侧卧，想来这也是胎儿在子宫形成时的最初形态，所谓天成。

床上之读，两个平方米加一盏台灯便能成就对世界的猜测。想粗俗，可以揣度大师们的吃喝拉撒，想高雅，可以一本正经地进行哲学体对话，在钞票好像

LOGO 的时代，这样低成本的精神之旅具有相当高的性价比。

美国作家安妮·法迪曼在随笔集《书趣》中写道：“在床上阅读，是在我们周遭拉起隐形的、无声的窗帘。至少可以拥有自己的空间，把我们藏进从少年时代就开始错过的秘密满足感里。”我一下子被这段话击中，早年的场景砉然散落在眼前。

犹记得大学宿舍逼仄而乱，唯有床是一方高地，蚊帐一拉，各自四仰八叉，衣衫缭乱，万事舒坦。遇到好书，熄灯后，一只手电筒照到后半夜也是常有的事。没有课的日子就是仙姑的日子，每个人捧本书，读一会睡一会，醒一会再读一会，打饭打开水都是选派代表。

卡夫卡在致友人的信中曾经这样写，“我们应该只读那些咬伤我们、刺痛我们的书。所谓书，必须是砍向我们内心冰封的大海的斧头。”女大学生年轻而无痕的身体正等待着各种砍伐，于是，我读了《呼啸山庄》《麦田里的守望者》《丰饶之海》《红字》等等。大学毕业前，又将它们打入行李，一路仓皇向南，很久没有折返故乡。

床那么私密，旅途那么公开，却相同地承载着一本书给予的安抚。带一本与心绪贴切的书上路，让它成为身体的一部分，就好像有了一张紧握在手的底牌，各种暗喜笃定只有自己知道——这一趟糟糕不到哪里去，有书，怕什么。

去缅甸带了阿兰的《旅行的艺术》，去尼泊尔带了梁文道的《我执》。也曾带上《圣经》，尤其是那种包含时差概念、跨东西半球的大旅行，空中飞行十几个小时，在九重天外，读它，很应景。里面人物谱系复杂，隐喻如一个又一个的陷阱，须小心伺候，不得怠慢。

曾花一个星期的时间，在东北平原广袤的黑土地上奔驰，觉得这天下太辽阔了，我的苍茫感紧随着无力感。坐在夜行列车上，染血夕阳从白桦林的苍绿树影间沉入不可知的黑暗，星星又大又亮，闪着冷光。这种时候，听觉和嗅觉格外敏锐，让人睡意全消，只好读书。行李里装着两本美国作家的书，雷蒙德·卡佛的《大教堂》和理查德·耶茨的《十一种孤独》。也许，我早就料到，东北平原与美洲大陆有着异曲同工的辽远，孤独的人写了孤独的书，应该很适合一趟漫长而孤独的旅程。

一个人睡一张大床以及一个人在路上旅行，床大地大，常常被误解成寂寥无边的事情。人类的群居习性，让人总是用成双成对来寄托美满。其实，一个人和一本好书完全可以结成最为亲密的关系。好书让一个人发现，他或她的选择没有错。

（摘自《光明日报》2017 年 7 月 14 日）

在森林里种首歌

张曼娟

如果你在路上遇见一个人，他一边走一边哼唱着一首歌，也许五音不全，或者根本不成曲调，然而，你听得出喜悦的气氛，像一颗颗跳动的光粒子，与你擦身而过。这时候你会怎么想呢？真是一个幸福的人啊。

几年前，一位相识多年的朋友开车载我在北海岸兜风。刚刚吃完一袋新鲜草莓，春天的阳光和暖风都很温柔，我们有整整一天的时光可以消磨。我在被草莓的香气裹覆的车中唱起歌来，因为记性不好，每首歌只唱几句就换下一首，却也能不间断，一副可以唱到天荒地老的样子。

朋友忽然转头望着我：“从来没有见过像你这么爱唱歌的人。”

我觉得不好意思：“我太吵了。”

“不是，不是，我喜欢听你唱歌，虽然你从没唱完过一首歌，可是你总是唱啊唱的，好快乐！”

“是因为和你在一起，很有安全感的缘故啊。”

我笑嘻嘻地回答，避开快乐不快乐的问题。

因为在那时候，我多半的时间其实并不快乐。因着好强性格的驱使，我命令自己不可以被打倒，一定要若无其事地过日子。每一天，我穿戴整齐去学校教书，试图将国文课上得生动有趣。字词的来源与考证也许很重要，而我更在意的是我们能从古文与古人那儿学到一些什么？也许是一种看待人生的态度，也许是一种超越苦难的方法。常常当我写完板书，要花费好大的力气才能转头面对那些满怀憧憬的面孔，那些纯真清亮的眼睛，并且，给予他们一个合宜的、肯定的微笑，让他们相信世间的美好。

我并不是那么快乐，我只是坚持，不肯让痛苦掠夺了我的快乐。

1997 年 8 月，只身到香港教书。因为尚未开学，校内人烟稀少，几十个单位的面海宿舍只有我和一位高龄老教授居住。老教授善意地与我打招呼：“你住哪间房？……哦，那间啊，白蚁特别多的……”我渐渐觉得脸颊上兴高采烈的笑意已转为肌肉的抽搐了。

我在寄给朋友的明信片上写着：“住在这里就好像住在森林里，空气很新鲜，每天都在鸟鸣声中醒来。”

天黑之后，去一幢大楼前打电话回家报平安。我听着远方的家人一声声问：“那里怎么样？安不安全？人多不多？”

“这里很多人的，学校嘛，当然很安全，不用担心。晚上都有人来巡守的。”

为什么我会知道有人来巡守呢？因为那已是我的第三个难以安眠的夜晚了。

第一夜，我在两房一厅的宿舍里整理行李，收音机里播放着音乐，忽然听见 DJ 喊叫一声，噼里啪啦，一阵火花，四周一片黑暗，寂静的黑。我怔怔地坐了片刻，这才意识到，跳闸了，冷气也没有了。同时，我听见简直不可能会响起的嘀嗒声。那是客厅里的挂钟的行走声，可是，白天我已经注意到它没电罢工了，此刻，它却走得龙马精神，嘀嗒嘀嗒，在卧室里也能听见。

我逃进书房，将房门紧闭。因为难以成眠，我不断起身到厨房里喝水，便看见窗外经过的巡守的保安人员。

有一天，我得了急症，腹痛如绞，转乘了一个多小时的车，去城里找一位旧识，那人曾交代我有事一定帮忙。我在那人的办公室附近打电话，对方好像很忙，两三句就急着收线，我没透露出求援的讯息，只是平静地说再见。蹒跚地走到店门口，我蹲下去等待另一阵剧痛的宰割。

回到学校的时候，已经好些了，只剩下深深的疲惫。小巴士载着我，在森林的入口处下车，然后，我必须独自一个人穿越黑森林回家。那晚的月色很好，将树影清楚地投射在地上，像一株株萍藻，夜风从海上吹来，有一种走在水中的凉意。忽然，听见歌声，在寂静的夜里，在我一向畏怯的森林中，我听见自己的歌声，保持着愉悦的腔调。

这令我觉得难以置信，却又有些明白了。

其实，生活中的琐碎、折腾和挫败，都是不可避免的，正因为这些困境来势汹汹，安然度过以后，便有了一种庆幸与感激。真正可贵的幸福，原来不是从快乐之中来，而是从忧愁之中来的。

（摘自《读者》2013 年第 15 期）

旅途的美感

子　沫

舒国治在《理想的下午》里提到，发现旅途中的女人穿着白衫低头翻书的情形，相当悦目，令人心旷神怡，有隔岸观雾的迷离之美。他说女人在旅途中完全是另外一面，只能被陌生人欣赏。我几乎可以想象这样的场景，忽略了女人的年龄，那个穿白衫的女子，书就成了最好的饰品，窗外的风景，独行的女子，无限的想象空间。

很多女人出门旅行像是参加运动会，全身的运动衫，基本是为玩而玩，一点美感都不讲，这多少会令人遗憾。如果每次为自己搭配旅行服装，是不是一件惬意的事？休闲的内涵太宽广，把自己化作一道旅途的风景，其实也是相当悦己悦人的。

旅途远不止景点本身。我的一位友人特别有意思，她对旅行时的着装相当讲究。她去纽约时，精心为自己搭配第五大道的逛街服，长款米色轻薄风衣、精致衬衣、低跟休闲鞋，以及简约黑色丝巾，风情款款地走在纽约最时尚的大街上，她顿时成了一道风景，令人赏心悦目。很多人出去就是狂购，你有没有想到把自己的品位传达给别人？她就曾遇到有中国游客拉着她问："大衣在哪儿买的，好美。"她笑说："十年前在国内买的，旧衣服。"真的，不在衣服，而在于你的用心。当你与景致合二为一时，你就成了最好的游客，你真的融入了当地的风景里，你才能真正领略当地的文化，成为一个与环境交融的深度旅行者。她穿着这样的衣服，在街边广场的咖啡馆小坐，风衣随意搭在椅子上，露出衬衣和长裙，她低头翻书写字，暖阳下，被陌生人的相机拍下照片奉送，赢得了别人无尽的赞美和欣赏。我也有幸看过那张照片，非常有味道，暖而美。人，衣物的语言，街景，咖啡，融为一体。

同样，她推荐去巴黎的朋友一定要在皮箱里放一件轻薄的羊绒大衣，深色的，一定要中长款的。朋友犹豫，穿羽绒服多方便，带大衣太麻烦了。但是，朋友还是听了她的话。果然，在巴黎古老的建筑中穿行，千年老石板路的岁月沧桑中，大衣才是最妥帖的，她似乎觉出了自己的高贵和典雅，照出来的相片中，她一下子成了巴黎古建筑前的风景，衣袂飘起，眼角眉梢的神采随着衣角飞扬，鸽子群的灰色，背景的暗调老派……而那些穿羽绒服的人显得格格不入，人和景是完全分离的，显得很突兀。朋友因此相当感激她的先见之明。她说，这不是先见之明，旅行的意义在于一定要融入和了解。

旅途中，如果每个女人都是一道独特的风景，那该是多么令人赏心悦目的事。如果嫌这些麻烦，那么，不妨带一件宽大的褶皱长白衬衣、一条黑色吊带长裙以及两条灰色及黑色的麻质丝巾，这是永远不会出错的。相信我，简单的总是最美的。我记得香港南丫岛那个海边小铺，不足八平方米。清晨咖啡时间，暗色的木桩子台面，青苔色的咖啡杯，阴天的海，长衬衣的白，当时的感觉是色调如此协调……旅途中的女人可以是静美的。走了一天回客舍，冲完澡后换上黑色长裙，用青草味的洗发水洗净头发，再随意搭一条灰色丝巾，又是锦衣夜行的感觉。当然，我不喜欢锦衣夜行，穿着这样的衣服，找个地方喝杯咖啡、看看书，才是我的大爱。那次在越南美奈，夕阳西下，光影悠悠，海浪的声响，书页上游离的光线，丝巾随风飘扬——丝巾是旅途中的必备品。去吴哥窟，一条暗绿色长丝巾被我一物几用，可以裹头，可以遮阳、挡灰，可以当配饰，还可以当吊带裙的披肩，那条丝巾成了我旅途中的亮点。丝巾，这么柔美便携的物品，多带几条也无妨。

我有时会对好久未见的朋友们说，发几张你旅行时的照片给我吧，我喜欢看别人旅行时的模样。

（摘自《读者》2014 年第 10 期）

你好，陌生人

刘继荣

一

女儿从小不认生，觉得满世界皆是可亲之人，见谁都笑，甚至刚刚把针头从她身上拔出的医生，挥手说再见时，也能获赠一个泯去恩仇的笑。

她曾经在餐馆外隔着玻璃墙与一位陌生姐姐玩，两人在玻璃上追逐对方的手指，乐得什么似的。姐姐离开时，她因舍不得而号啕大哭，直如生离死别。一转头，看见卖气球的老爷爷，她湿答答的脸上立刻绽开粉嘟嘟的笑容，顿忘前尘。

夏天，女儿初学会走路这种本事，新鲜得不得了，我去附近银行办事她也要跟着。她发上簪着娇滴滴的樱桃发卡，爱煞人，旁边一位老奶奶禁不住伸手抚摸，她觉得有趣，非要攀上我的肩，也摸摸老奶奶的苍苍发髻。素不相识的一老一少，你来我往，玩得咯咯笑。

女儿渐渐长大，我在街边买瓜果时，店家总挑好的给我，买蛋糕也多加两粒蓝莓，东西不多，难得的是那潜滋暗长的小暖意，我总以为是自己人品好。有一次买花没零钱，卖花的不以为意：“下次补吧，大家都认得你，你是那个小酒窝的妈妈。”我怔住，前前后后一思量才醒悟过来，原来，这都是因为女儿的好人缘。

婆婆却忧心忡忡：孩子总这么憨，像个不长心眼的小糖人儿，万一遇着个歹人怎么办？公公不以为然：哪有那么多坏人！饶是如此，我还是细细教导了女儿一番，教她如何防范陌生人。她正在吃桃子，满脸桃汁，只管咿咿唔唔点头，也不知记住没有。

二

一日下午，同事打电话说要来我家取一份资料。一进门，这个平日沉稳持重之人就兴高采烈地开讲：“楼下有个小女孩儿好可爱，她替我指路，还教我怎样识别坏人……”我瞠目结舌，他开心得忘乎所以，手比口讲：“那孩子讲话真有趣，她说舅舅是坏人，因为舅舅每次来都会带着好吃的零食和好玩的玩具，还带她出去玩。妈妈告诉她，坏人都是这样子欺骗小孩的……”

说着说着，同事眼睛放光，连家乡话都出来了：“囡囡说我是好人！”我惊骇到说不出话来。这位先生平素最怕小孩，结婚多年并无生育计划，用餐、乘机甚至散步，遇到小孩都要远远避开，今天竟跟一个陌生小孩攀谈，得了个好人称号激动成这样。

同事还在絮絮赞叹：“那孩子声音太好听了，像银铃那么清亮……”他拉我到窗户边，指给我看，“喏，就是那个红裙子长头发的囡囡！”我忍无可忍，拨开他的衣袖，又好气又好笑，“那是我女儿，年会时戴着天使面具去你身边坐，你吓得躲开五步远！”同事如梦方醒，讪讪地说：“真有这种事？那我下去道歉。”

片刻之后，我看见致歉者得宽宥，归鸟得南枝，陌生人成良友，天地宽柔。这些情景，一丝不落地被婆婆看在眼里，她又开始叹息，说女儿心无芥蒂，叫人忧心。

我并不觉老人啰唆，他们尝过世间的盐，走过宽窄的桥，心有猛虎，亦植蔷薇。

我安抚老人，说我讲的话女儿是记住了，只是童心烂漫，并无分别心，无论亲疏，在孩子眼里都是久别重逢的故人，皆可携手嬉戏，同吃同玩。要让她学会辨识，还需耐心引导。

周末，我们一家去逛早市。这一路上，女儿结识了好几个朋友，甚至还得到一名穿超人斗篷的小男生的邀约。两人打算下午一起去广场玩，而且不带家长。小孩子可以在一秒内信任对方，大人就未必了。超人的妈妈尽管面有难色，但拗不过儿子，答应了，婆婆则在我耳边嘀咕："不知根不知底的陌生小孩，怎么可以一起出去玩！再说两个人都指甲盖那么大，没有大人跟着哪行啊！"我朝老人家挤挤眼，叫她先别反对，我自有主意。

下午，女儿准时出门，我悄悄尾随。小超人已先到广场，他们荡秋千，滑滑梯，又看了一会儿别人放风筝。很快，我发现小男生的妈妈也尾随其后，我们两个人会心一笑，分别躲在隐蔽处，忠心耿耿地做保镖。荡秋千时，女儿险些翻下吊椅，饶是同伴手快扶住了她，脑袋似乎还是被磕了一下。我当时几乎要挺身而出，但最后还是忍住了，因为女儿只摸了摸头，又快乐地荡起来，开心都来不及，哪有时间哭。

他们在人群里悠闲地逛了会儿，又去看月季花。花圃边的长椅上，一个坏脾气的小妹妹不理会妈妈的劝阻，揪下自己的鞋子扔进草坪。他们帮忙拾回来，小妹妹觉得有趣，立即停止哭闹，一遍一遍扔鞋，他们也当作开心的游戏，争先恐后去拾。旁边有个老太太竖起大拇指："三兄妹好和睦，相亲相爱的一家子。"我窃笑：这是相亲相爱的陌生人啊！

三

黄昏时，两个小人儿挥手告别，各自回家，我们两位家长也暗暗点头告辞。这时，空荡荡的路上，忽然走过一个年轻男子，身材高大，语调温和。他与女儿攀谈起来，问她几岁了，家住哪里，上小学还是幼儿园。女儿毫无戒备，一一告知，并且连家中电话也顺口背出。我心中不安，靠近两步，随时准备现身。

那男子又问女儿，为何单独走路，爸妈在哪里？女儿对答如流，说在跟爸爸妈妈捉迷藏呢，他们可能就躲在前面的树丛里。我又惊又喜，这理由简直妙不可言。此时，陌生人从背包里掏出一把玲珑的小红伞，向女儿比比画画，我心咚咚跳，叫自己沉住气。看见女儿摇头拒绝，我暗暗为孩子喝彩，好样的！

那人硬是将小伞塞入女儿手中，两人开始拉扯推让，我还未出声，一名推婴儿车的女子已气喘吁吁跑过来，挡在女儿前面，质问那人意欲何为。年轻人大窘，举起小伞叫我们看，上面印着广告，有家新开张的甜品店儿童节大酬宾。他解释，因为看小女孩实在可爱，忍不住多聊了几句，又特别想送她这把小伞，所以才造成一场误会。

女儿对尴尬的年轻人说："叔叔，我想要两把小伞。"我颇为疑惑，年轻人开心相赠，还给婴儿车上也插了一把。我心里暗自决定，下周就带全家人去这家店吃甜品。女儿看着熟睡的婴儿，惊喜地说："这是扔鞋的小妹妹。"女子也认出女儿，感慨道："真是有缘。"

到家后，我崇拜地问女儿，为何能这么聪明地应对陌生人。女儿骄傲地说，在幼儿园老师经常讲，还请警察叔叔在课堂上演练，她做得最好啦。但我仍有疑惑："那你为什么把住址和电话都告诉他了？"女儿得意地笑道："我说的是舅舅家的。"全家人哄然大笑，有这么一个外甥女，舅舅不知该哭还是该笑。

我忽然想起一件事，问女儿："你为什么要两把小伞？"她回答："昨天转来一个新同学，叫黄丝丝，一整天都想哭不敢哭的样子，不说话也不玩。我送一把小伞给她，说不定明天她就会笑。"

我的心忽然柔软，无论世界是大是小，善意总能让陌生人变得熟悉而亲切，也能将异乡风雪变作故乡梅花，使人踏着荆棘不觉得苦，有泪可流，却不是悲凉。孩子，往往比我们更勇敢。

（摘自《读者》2016年第5期）

一人不爱，何以爱天下

辉姑娘

一位老作家，德高望重，著作等身。

某位前去拜访的年轻作家，曾经认真拜读了他全部的作品，却在内容之外发现了一件很有趣的事情。

他所著的每一本书的字号都比通常的书籍偏大一些。做书和读书的人都知道，字号偏大的结果会让纸张变多、书脊变厚，而且印刷出来也不好看，显得笨重、粗糙。

年轻作家问他是不是找了不专业的版式设计师，他摇头，说是自己要求这样做的。因为他母亲的眼睛有一些小问题，看字模糊，又因为体质原因不能长时间戴老花镜，所以他特意嘱咐设计师，一定要把字号调大。

年轻作家有些不能理解，说："书毕竟是给所有读者看的，这么任性会不会不太好？"

他笑着摇摇头，说："如果全世界都看到了，只有她没看到，那我写那么多字又有什么意义呢?"

电台节目中，一位著名词作者与主持人深夜对话。

主持人问词作者："为什么会创作出那么多感人至深的歌词?"她回答，是因为年轻时曾有过一次刻骨铭心的恋爱，她把所有因情而生的感触都写进了歌词中，才成就了无数经典。

主持人又追问："那个男人听到这些作品后有什么反应吗？是被感动，被震撼，回心转意，重燃爱火，还是因为私密情感被曝光于世而老羞成怒?"

这位一直表现得聪明又得体的女人忽然哭了出来，哽咽着说："其实他什么都没听到。"

他们因一次争吵而赌气分手。两个月后，她想要挽回，男人却在一次意外中被击中头部，当场丧命。

主持人连声安慰，说虽然人已逝，但毕竟他曾经的存在给予了她无限灵感，从而让她拥有了成功的作品与富足的人生，她应该感到庆幸。

她大哭，说："那又怎么样呢？我所有的歌都是写给他一个人的，他听不到，就算我的歌挽救了许多婚姻、感动了所有恋人、得到了万千粉丝，于我而言，还是白写了啊。"

楼下有家小饭店。

饭店里只能放得下三张桌子，但店里很整洁。最主要的是，厨师——也就是饭店老板，烧菜当真好吃极了。

一只小瓦罐，煲出的鸽子汤鲜美无比；一碟麻油鸡丝，可以让人吃到舔净盘底才罢休；就连最简单的蛋炒饭也令人回味无穷。

日子久了才知道，原来老板曾是香港某著名餐厅的主厨，许多明星和政界要人都吃过他烧的菜。

问他为什么会蜗居于此，他说女儿在这边读书，他就跟媳妇开了这间小饭店来陪读。

我说："你在香港工作那么久，积蓄应该不少，为什么不寻个黄金地段，选个大点儿的店面经营？北京的饮食行业这么火，肯定会赚大钱的。"

他说："要真想赚钱，我就不会回来了。现在开这间小店不过是打发时间，最主要的目的是给女儿烧菜。你知道吗，每天我去买最新鲜的菜，再精心加工，看她回来吃得干干净净，就是最大的幸福。"

我说："可是很多人都爱吃你做的菜啊！昨天还有人排队要打包好几个菜，加钱都乐意，你却说要给女儿做饭，死活要关门打烊。"

他眼睛一瞪："他们爱吃关我什么事？他们有全北京的饭店可以选，我女儿只有我。喂饱她，比喂饱整座北京城都重要！"

一位公交司机被选为年度劳模，接受表彰后，记者问他："20 年来，你从未迟到早退，也不曾有过任何一次缺岗旷工，是什么力量让你这么热爱这份平凡的工作?"

他憨厚地笑着说："没啥原因。我家穷，买不起车。我媳妇特别好，结了婚也不强迫我挣钱买车，说：'你去开公交吧，开我上下班那条线，这样就当你每天都在接送我，我知足。'后来一开就是这么多年了。"

记者听得一愣一愣，半晌才醒过神来，尚不死心，又追问："那这么多年，无论什么天气，您都风雨无阻，按时上岗，一定是一个特别有责任感的人。"

他说："啥是责任感？我不懂。我就知道要是对自己媳妇说话都不算数，还能对谁说话算数？那就不能算个老爷们儿！"

一位著名画家偶尔会将自己的画作送给亲友，然而在他离世后，大家才发现，在每幅装裱好的画卷的背后一角，都写有两个小小的简单的字母。

那是他早逝妻子的名字缩写。

每个得到赠画的人都以为他是为自己而画。只有他自己明白，所绘的每一笔，只为了一个人而已。

一个人与全世界，天平的两端，哪个更重？这似乎是一个很简单的问题。

然而有些人，终会选择那个在自己心目中独一无二的人。

愿意为你背叛全世界，也愿意为你向全世界弯下腰去。

全世界自有全世界的人去爱。而你只有我，我也只有你。

我们终究是俗人，做不了博爱的上帝。这无须觉得羞耻，只能说明我们拥有人性中最亲切也最温柔的一种自私。这种自私并不令人反感，只会让人产生共鸣。

一人不爱，何以爱天下。

即使拥有一切，亦终究逃不过生命的孤独。

那么，还是量力而行吧。

与其拼命追索天下，不如留几分余力给那个重要的人，也许更能品尝到活过一场的甜蜜和欣慰。

（摘自《读者》2015 年第 15 期）

我妈的脱贫攻坚战

自由奔放的阿丘

我妈说，她小时候很聪明，是一众弟妹的带头人，看什么，会什么，学东西特别快。上小学一年级，期末考试都是第一，可惜，外公重男轻女，二年级还没读完，就不让她读了，回来帮家里干活，带我小姨妈。我妈年轻时，每回说到这段，总免不了嗔怪我外公几句，然后说要是读下去，或许就不会在农村之类的假设。后来我们大了，或许是想开了，看淡了，也或许是生活好点了，就无所谓了，就没再抱怨了。我外公读过小学，在那个年代，已经算高级知识分子了，当了村里的账房，规划土地，记公分的事都归他管，领点小钱，在村里颇有威望，平常和我外婆辛勤侍弄土地，家里虽不富裕，但也不至于饿着，我妈的童年生活过得也还不错。

后来，我妈通过亲戚介绍，嫁给了邻乡的我爸，据我妈说，他看上我爸的主要原因，是因为我爸读过初中，想着肯定是个明事理的人，不过这是她每次和我爸吵架时说的，说完总加一句，没承想你是这样不讲理。我妈说，她嫁给我爸的时候，我爸家里很穷，破旧矮小的房子，屋里啥都没有，土地也很少，吃穿都是难事。我爸也和我说过，他家小时候很穷，上学时，人家都无论破旧，好歹穿着件衣裳，只有他，穷的没钱买，只穿着一件经几轮转手后的旧衣服改造的背心，但是我妈还是义无反顾地嫁了过来，在如此艰苦的条件下，开始了她的脱贫攻坚之路。

常言道，财富就像滚雪球，但前提是你手里开始就捏着一个小雪球，可我妈那时候，啥都没有，只能在贫困的沼泽里不断挣扎，像掉进池子里的初学者，拽着我爸，用力向上浮。我爸结婚后，就和我大伯分了家，老房子归我大伯，又在边上买了一间房子给我爸，同样破旧不堪，那几亩薄田，各分一半，但据我妈说，那些地连糊口都很难，那几年过的分外艰难，每天早出晚归，辛苦劳作，一年四季，恨不得守在地里，可到年末，还是啥都没有，不久，我姐出生了，可能是营养跟不上，我姐出生时体质特弱，天天生病，可那时，我家真的是家徒四壁，我妈多年后经常念叨，我姐发高烧，可家里一分钱没有，我妈绕遍了村里的家家户户，没借到一分钱，直到借到我们村李华他爹那，他爹拿了五块钱给我妈，让我妈赶快拿去给我姐治病。我妈到现在仍然经常跟我念叨这事，她和我们村很多人为鸡毛蒜皮的小事争过，吵过，唯独对李华一家人格外礼遇，每次遇见都是笑脸相迎，热情招呼。我妈自知家里这些地是养活不了一家人的，我姐姐四岁，我出生，我两三岁时，我们村有一块规划的地竞拍，被我家后面一户人家购得，我妈和人家商量，钱一家出一半，地一家一半，那户人家也同意了，我妈东拼西凑，把钱交了，终于扩展了我家的土地面积，那块地是在荒野上，一小块地，边上是各种石头，杂草，根本种不了庄稼，我爸和我妈天天在地边除草，搬石头，一点一点地开垦这块荒地，生生将地的面积扩大了几倍不止，然后播种，除草，收获。可惜好景不长，因为另一家买地的钱一直拖欠，村里要把地收回，给另外几户人家，他们不止收回了原地，还收回了我爸妈后来开垦的地，希望再次破碎，我妈很气愤，每天背着我去村公所闹，看见村公所的人就骂，我妈后来当笑话给我讲时，说，那些人被她骂的，每天都是躲着出门，看见她就跑。但是，土地依然没回来，于是我妈和我爸直接守在了他们开垦的地上，像守卫要被狼叼走的孩子。终于，村里无法，只能收了原来的地，开垦的荒地，归我家所有，在这场土地保卫战中，我妈赢的很惨。

有了地，生活应该好点了吧，可惜，我奶奶，我姐，我，我爸妈，五张嘴，勉强糊口还行，脱贫，还有点远，在那个穷乡僻壤里，千百年来，农民唯一的依靠只有土地，而土地不让我爸妈种，于是我爸和我妈只能另想办法，分头行动，各出奇招。我爸弄了辆自行车，给人修鞋，每逢街市，起早贪黑，骑行十几公里赶到街上，修一天鞋，挣那十几块钱。我妈呢，盘些糖，鞋样，纸钱，总之各种杂货，到街上卖，在分分角角的盈利中积攒资金。虽没什么实质性变化，但勉强改善了点生活。直到我妈收到了两百块钱的假钱。那次，我妈在街上摆摊，一个面生的人找我妈买东西，给了我妈两百块钱，那时候假钱很少，他买的东西也多，我妈也没注意。晚上，看着两张新崭崭的钱，想着今天火爆的生意，她心里很美，特意将钱小心地收了起来，打算留着过年，买年货。过年时，拿着钱，开心地出门，看着琳琅满目的商品，听着喜气洋洋的炮仗，特意选了大红色包装的年货，算账，付钱。我妈拿出了那两张崭新的票子，脸上洋溢着喜气，卖东西的接过来，两个手指搓了搓，脸上微显异样，拿起钱，对着阳光，左看，右看。

“大姐，你这张钱是假的。”

我妈的笑容顿在脸上，收回钱，左看右看。

“你再看看，怎么会是假的。”

“大姐，没骗你，就是假的，你怕是被人骗了，赶快沿街找找，看看人还在不在，或者去找派出所。”

我妈收回钱，退了东西，出了商店，坐在路边，看着来往的人群，想哭，可是过年啊，不能哭。

后来我妈或许是心灰意冷了，第二年，就没在做那生意，剩下的百货，糖被我带着小朋友偷偷吃了，能用的用，不能用的，放在墙脚落灰，过了好多年，才不见了。

到了我姐上小学后，也就是两千零几年的时候，房子还是那个房子，地还是那些地，只是家里多了台电视，多了点杂物，多了辆自行车，对了，还多了条大狼狗，至于这条大狼狗的来历，据我爸说，是他修鞋回来的路上看见的，我爸随口唤了一声，就跟着跑回家了，我爸丢了根骨头给它，它就不走了，于是成为我家一员，可惜，还没等到我长到能记事的年纪，记一记它的威风，这条狗就又被我爸卖了，因为我爸要买拖拉机，他们准备倒腾粮食，那时候，我爸妈初入此门，摸不清门路，买来的粮食不知道卖哪，只能以几乎相差无几的价格卖给同在收粮食的人，我妈现在每次说起，都愤然地说：被那个憨我儿子坑了很多钱。爸妈的粮食生意就在困境中艰难前行，但很快，我妈的一次善心帮了她，彻底改变了这种情况，那是一家收破烂的，来村里收破烂，收破烂的这家妻子好像得了百日咳之类的病，在和我妈闲聊时说起，我妈说：

那好办啊，你就弄些龙胆草，熬了喝几次，很快就好了。

收破烂的听了说：是吗，但是这个龙胆草哪里能弄到。

我妈说：我们后山上很多的，你要的话，我去给你挖些，等你下次来，拿给你。

“那真是太感谢了，也不好意思这么麻烦你，你帮我挖来，我给你钱。”

“一个龙胆草，满山都是，不过是随手的事，我不要你的钱。”

收破烂的下次来了后，我妈把龙胆草拿给他，他坚持要给我妈钱，我妈坚持没要，推脱之下，他只好把钱收回。我妈和他又聊起家常，顺带说起了我妈的生意，收破烂的听后，说：“你们这样不行，这样，你叫上你家那口子，拉着粮食，跟着我走，我带你们去卖。”

我妈听完，果真叫上我爸，装好粮食，跟着他出了村，到县城，等他卖了收的破烂，又到了市里，不知绕了几个弯后，到了市里的粮食市场，我妈看着两边紧挨的商铺，高耸的楼层，哄闹的人群，带着无限憧憬兴奋地对我爸说：“一年后，咱俩就能把这辆车换了。”

于是，我爸妈充满艰辛与希望的生意道路开始了，那一年，他们开着时速十公里的拖拉机，不分昼夜地跋涉在乡村与城市的道路之间，每天早上天不亮就出发，傍晚拉着收来的粮食去卖，四十来公里的路，每次都能把爸妈的耐心消磨殆尽，很多时候，到了粮食市场，已是午夜，已在睡梦中的商铺老板，被爸妈唤醒，以低于市场的价格，在被扰清梦的不耐烦中收购爸妈的粮食，他们好言好语，忍气吞声地拿着辛苦一天赚来的几张又轻又重的票子，一折，两折，再打开衣服里面的兜，拉开拉链，小心地塞进去，把拉链拉上，把衣服拉好，乘着午夜皎洁明月的光辉，回家。

一年后，我妈实现了当日的宏伟目标，换了一辆大的拖拉机，载重量和速度都成倍增加，还有车厢，下雨天也不必再淋雨。这辆车花了家里所有钱，好像还问亲戚借了些，那时我可能还没读书，每天陪着爸妈去做生意，他们在村里转悠收购粮食，我要么在车厢里睡觉，要么帮着吆喝，可能我的大嗓门就是那时候练出来的，至今改不了。我记得他们开新车去收粮食的第一天，身上的周转资金已所剩无几，收了没多久，钱就不够了，最后一家的粮食，还差五十块钱才能结清账，可是包里一分钱都没有了，我爸去找我姑妈借了五十，凑上，结清了账。之后换了大车，爸妈依旧早出，但是速度增加了，路上消耗的时间减少，可以早点卖完，早点回家。

爸妈靠着农民天生的那份勤劳朴实，每日辛勤忙碌，一年后，将家里的债还了，两年后，把房子重新翻新了一遍，一点点地攒起家底，五年后，换了大货车，十年后，他们筹划着盖新房子，到如今房子盖好了，我和姐姐也跟随着他们的脚步，步步高升，读着大学，现如今，他们依旧忙碌，但也可以忙里偷闲，一家人坐着飞机，送我读书，再坐着飞机，看过北京上海，走过岁月长河。

（摘自豆瓣网）

一觉睡到小时候

巩高峰

我妈抠门儿，那可是远近闻名。就拿我身上这条裤子举例吧，这条蓝卡其裤子最早是我大姐的，她穿旧了给我二姐，我二姐穿短了又给我。到我腿上时，膝盖那里已经磨得快透明了，随时会破个洞露出膝盖来。

那条裤子又旧又皱又难看也就算了，裤脚还在我脚踝上面。最令人无法接受的是，它还是女式的！女式裤子的裤门不是在前面，而是开在左侧腰胯那里，这意味着每次上厕所，无论大便还是小解，我都要蹲下来。

想想这个情景，我都快哭了。可是这些我不能跟我妈说，我一个男的，说这些多难为情啊。所以我眼睁睁地看着我妈熟练地把裤脚拆了线，放了下来，这样才勉强遮住了我的脚踝。

我知道，哭闹是没用的，我这个年纪了也没脸用这一招儿。

谁知第二天我把真相只藏了一节课，就因在课间上厕所时的扭扭捏捏被后座的刘双燕发现了。别看刘双燕的名字很娘，其实他是男生，光他的名字就被我们取笑了好几年。如今终于逮着机会让大家把焦点从他那儿引开，所以特别兴奋。留意到我的奇怪举止，他马上亮出大嗓门道：

“哟，女孩子尿尿才会脱裤子蹲着，你这是为什么呢？”

刘双燕提醒了大家，一阵观察之后，窃笑声四起。

“你不是女扮男装的吧？”

因为笑点新鲜出炉，于是大家都不肯出厕所，任由哄笑一阵又一阵爆发开来。我平日里能言善辩，可现在一句话也没有。面对大家的调侃，我只好假装什么也没发生，低着头，脸红耳热，找个机会挤出厕所奔逃回教室。

刘双燕这么一闹，整天下来我觉得自己好像穿着一条钉子裤，浑身上下哪里都不舒服。放学路上，我成功地让裤子的两个膝盖开了窗户。

谁知我妈看到我的裤子破成那样儿，一脸淡定地搬出针线筐，找出两块布，飞针走线，一会儿工夫，两扇窗户就合上了。好在两块补丁跟裤子颜色相近，针脚也整齐，乍一看几乎看不出补丁来。

但是同学们的嘴可不是用补丁能补上的，他们把两片嘴唇上下一碰，讥诮和笑声就出口了，如乱箭穿心，我还无处可躲。

要说裤子短一点儿也不是什么大毛病，我正长个儿呢，感觉裤子每年都在变短，可问题是女式裤子裆浅，一旦我大步跑起来，裤裆很容易就会“刺啦”一声绽了线。为这事儿，我妈补了一次又一次，从裤裆到屁股，再回到膝盖，有时是无意的“天灾”，有时是我的“人祸”。没办法，我妈后来找了一块特别结实的劳动布，加宽了裤裆，才算解决了这个难题。

可另一个问题没法解决——我的情绪。自从那条裤子上身，我几乎变了一个人，回到家不是少言寡语就是牢骚满腹，暴躁易怒。我妈似乎隐约猜到了什么，把针线筐摆在膝盖上，看着它出半天神。

第二天，我在学校又一次被同学围观，这次没有笑声，而是一片啧啧称奇，还不时有人伸手摸我屁股。

跑到厕所褪下裤子一看，屁股那里的补丁上竟然多出两只熊猫，黑眼睛白身子，怀里还抱着一棵绿色竹子。我自己都看愣了，不知道我妈什么时候把针线活练得这么精巧。很快，我膝盖那里的补丁上也出了花样，那是两棵绿色的枝蔓，到膝盖上之后开出几朵牵牛花。这次我不仅在教室被围观，连在上学或放学的路上都会有老师好奇地看几眼，还有女老师跳下自行车，问我裤子在哪儿买的。

我突然意识到，我可能因为这条打着补丁的裤子，莫名地走到了我们学校时尚的前端。

有一天下课，刘双燕红着脸趴在我耳边小声地问我，能不能让我妈在他的裤子上也缝两只熊猫，嫌太麻烦了换成两朵花也行。我摇了摇头，理由是裤子破了才会缝补丁，有了补丁才需要花样来遮掩。刘双燕愣了一下，忽然转身从文具盒里摸出铅笔刀，在他裤子的膝盖那里割出两道长口子，当时我就惊呆了。

第二天，刘双燕的两个膝盖上也开出了花朵，这次是粉红色的月季花。我妈显然也误会了刘双燕的名字，以为女孩子肯定喜欢粉红的花朵。不过刘双燕显然不介意，从此之后几乎每天都穿着那条裤子满学校转悠，然后回来告诉我有多少人夸他裤子好看。

这件事情的高潮是我的新书包，那也是我的伤心事了。为了要一个又新又大的书包，我已经赌气每天抱着书本去上学快一个学期了。不知道是不是因为不断有同学让我带裤子找我妈缝补，让她得到了更大的启发，反正有一天早晨，我妈突然变魔术一样拿着一个又大又厚、花里胡哨的书包给我。看了半天，我才明白那个五颜六色的书包竟然是很多碎布头拼接而成的。那些碎布头平日里只有打补丁时才有存在的意义，而现在，它们就像太阳光，呈碎片状光芒四射。

我妈说家里的碎布头几乎都用完了，本来她还想模仿二姐写的“天天向上”给我拼在书包上，可是布不够了，只拼成了一个小太阳。看上去书包就像一个补丁摞着一个补丁，针眼儿密得让人眼花。

可是我已经惊喜不过来了，因为我背着它到学校的第一天，它就取代我裤子上的补丁成为焦点。几乎所有看到我书包的同学都惊讶得合不拢嘴，细看后又止不住羡慕和赞美。它果然像一个太阳，背到哪里哪里亮。

我更没想到的是，之后没多久，学校里慢慢多出了一个又一个碎布头拼接成的书包。我知道它们之中只有一个也出自我妈之手，就是我弟弟背的那个。因为羡慕我的书包，他哭闹了三天。没办法，我妈到裁缝铺要了一些碎布头，给他也做了一个缩小版的。

这种书包在学校和马路上耀眼地晃着，谁也阻挡不了它们的流行，直到不久之后连镇上的商店都有这样的书包在卖，不同的是它们是机器做的，每一个都一模一样。我妈完全没有料到，她竟然靠一针一线引领了一个风潮。

我妈也没想到，直到有一天新衣服、新书包都没用旧就会扔了换了，我还在梦里找那个晃眼的书包，还有那条一回忆起来就仿佛在开花的补丁裤子……

（摘自《读者》2014 年第 10 期）

因为爸妈只有你

杨熹文

我人生中唯一一次觉得不该坚持梦想的时刻，是在出国后的第三年——我第一次回家小住的时候，因为有事要去朋友所在的城市，我才在家停留了几天便没心没肺地拿着行李上路了。那天早晨，我送妈到公司班车车站，再转身去找自己的公交站，到马路对面的时候，我下意识地转头看，看见站在马路另一头的妈妈，整个人呆呆地望着我的方向。这个年近五十的女人，肩膀耸动，鼻尖通红，眼泪像断线的珠子，流满了整张脸。她看着即将离开的女儿，竟伤心地哭成了孩子。

这是我离家三年后第一次回家，作为爸妈唯一的孩子，这是多么自私的行为，可我总是能为不回家找出若干冠冕堂皇的理由："学校假期好短啊，我有很多功课要做的！""我现在打工的地方很好，不想因为回国就辞掉！""回国几周这边的房租还要照交，多不划算啊！"

爸妈口中那个"在银行上班、和爸妈住在一起、快要结婚了、未婚夫是个老实人”的小红或是小丽，我没一丁点儿兴趣去打听。我是个江湖青年，满脑子都是闯荡四方的豪情壮志，我向往瑞士的雪山和伦敦的建筑，憧憬埃菲尔铁塔和撒哈拉沙漠，我甚至在墙上的地图上标出南极的方位，相信自己总有一天会到达……爸妈有时期盼地问：“孩子，什么时候回家呀？”我便心虚地回答：“就快了，就快了。”我就这样敷衍了他们三年，我的爸妈也为此等待了三年。

我不在的日子里，微信就是我和爸妈之间的纽带，我和爸妈的交流，全隔着小小的手机屏幕。这一端，我在早晨起床时，看见妈为我精心布置的房间；在课间休息时，看到爸为阳台的盆景做了个小鸟巢；晚上去打工的路上，收到花园里枸杞结果的照片；又在无数个入梦前的深夜，收到爸妈隔着时差的“晚安”。我从未错过他们生活的任何一个细节。可是爸妈的另一端，却没有这样频繁响起的提示音，我说：“妈，我和同学吃饭呢，一会再说！”“爸，我累了，改天聊。”于是，他们只能从我的只言片语里，尽力地拼凑我生活的全貌。

我童年时就曾发誓，长大后一定要远走他乡，因为爸妈从未停止过争吵。我成年之后，爸妈的性格随年龄增长变得温厚，妈不再歇斯底里地指责爸，而爸也不再喝到不省人事。但是在大学毕业后住在家中的那段时间里，我又感觉到了亲情的束缚：我晚归不得超过七点钟，不然爸妈就会疯狂地打我的手机；我不能十一点以后睡觉，妈会一遍遍敲响我房门，叮嘱我“快睡吧，孩子”；我也不能略过任何一餐，爸会受挫似的自言自语：“这不是我姑娘最喜欢吃的一道菜吗？怎么连筷子都不动一下。”

台湾作家蒋勋说：“尽管我和我的妈妈很亲，但母爱有的时候真是暴力，因为她不知道这个爱对一个青少年来说是多大的负担。”这是在那段时间内，我对爸妈的看法：爱意过浓，束缚太多，接近暴力。

所以当我远行时，我就像一只挣脱了牢笼的鸟，迅速地飞向广阔的天空，以至于常常忽略了爸妈发来的近况。我记不起妈去广场跳舞，后来因为老师要统一着装，她就不去了，甘愿在家打扫我的房间；我也忘记了爸推掉了酒局，只愿意在家侍弄花园，或者一遍遍看我的艺术照。爸妈的生活无聊而空洞，我不在家这一事实让他们失去了生活的目标。曾经每日为我准备三餐，看我吃到肚皮圆胀的日子，在阳台上目送我上学去的背影一点点缩小的日子，每个学期末在火车站等待我乘坐的列车到达的日子……岁月将它们统统剥夺了去。

爸爸朋友的孩子和我一同在新西兰生活，回国的时候去我家做客。她后来跟我说：“你妈妈握着我的手，反复摩挲着，什么都没说，眼泪就流下来了。”过年时，我的亲戚在QQ上发来消息：“大家吃着饭、喝着酒，突然有人说起了你，你爸捂着脸就哭了起来。”那时候，我心里那个远行的孩子才肯真正停下来，迫不及待地向家的方向奔跑，眼泪飞溅。

直到我回家后，才一点点意识到爸妈经历的煎熬。除去那个我妈哭到让我想放弃梦想的时刻，还有爸每天都变着花样准备的晚餐，妈失眠了几年的老毛病突然间不治而愈，爱聚会的爸总是翘了班回家，甚至有一天我和妈走在路上，一向节俭到极致的她竟然肯在路边乞丐的碗里放上几块钱。她一路哼着歌，我的心里却只听见酸楚。

我第一次体会到独生子女父母的孤独，是在国外酒吧打工的时候。酒吧里有一些赌博机（在新西兰赌博合法），有些中国老年人因语言不通，无处可去，就经常来这里消磨时间——拿几枚硬币玩大半天。我有时和他们聊天，他们讲得最多的就是儿女。

一位伯伯说，他二十几年前和老伴来新西兰定居，在这里生育了一个女儿，那时夫妻俩辛苦经营着一家中餐馆，无暇照顾孩子，结果长大后的女儿完全融入了西方文化，不会说、也不想说一句中文。老伯有一次拿了一些英文资料，不好意思地问我，可不可以教他一些简单的词语。后来又拿出一张画满符号的纸，他说自己想买个iPad跟上女儿的时代，这些符号全部照抄女儿的iPad页面，希望我能告诉他这些奇奇怪怪的字符都代表什么。

我尽力回答老伯提出的每一个问题，小心翼翼地用最直白的语言解释。因为我看到老伯，就想起了我的爸妈，我希望他们在遇到不懂的问题时，身边也有一个愿意帮助他们的人，而我更希望，当这样的事情发生时，我就在他们的身边。

我和朋友讨论过独生子女的问题，他说：“集万千宠爱于一身，也集万千孤独于一身。”我点头同意，却不禁想起，我们的父母才是最孤独也最缺乏安全感的人。对于已经不再年轻的父母，大概他们对我们的期待，就像是龙应台在《目送》中写的：“幸福就是，早上挥手说‘再见’的人，晚上又平平常常地回来了，书包丢在同一个角落，臭球鞋塞在同一张椅子下。”

有一次看见知乎上讨论，独生子女是一种怎样的体验，有人回答：“不敢死，不敢远嫁，特别想赚钱，因为他们只有我。”我不知道别的独生子女是否有这样的感觉，这句话戳中了我的心。

几年前我决定出国，和朋友吃了告别餐，他很不理解地问我：“你一个女孩子，怎么想跑得那么远？对我来说，和家人在一起才是最重要的！”那时，我心里装着整个世界，对这样的声音完全不屑，抓起桌上的啤酒喝了一大口。后来远行，经历了身边朋友为了家庭而中断学业，也听见越来越多的声音在问我：“我也想和你一样远行，可是舍不得爸妈，该怎么选择？”家人或是梦想，这似乎是摆在年轻人面前最艰难的选择题。我一直不是个合格的女儿，缺席了爸妈生命中很多重要的时刻，没资格给想要远行的年轻人提供什么建议。但是如果你像我一样向往自由，一定要去世界的什么地方看一看，那请不要让这次远行成为逃离。世界上还有一种远行，离开是为了更好地回归——你可以远行，但要保证身体健康，每周打一次电话，教会爸妈使用微信，有事没事把生活照发给他们，少抱怨，别报忧，告诉他们，你把自己照顾得挺好的，而事实上也确实如此。你虽然还是默默无闻的小人物，却正走在通往成功的路上，每一分努力都慢慢换来了收获。你常常希望每一天有一百个小时，因为生活总是忙碌不停，可是爸妈需要你的时候，再忙你都会出现在他们的身边。

我回新西兰的时候，爸妈到机场送我，在我走进安检前的最后一刻，回过头和爸妈挥手告别。我从爸妈那忍住泪水的目光中读到了一份不舍，但似乎又看见了另一层含义：孩子你好好奋斗，早日实现梦想，到时候再安心回家，我们会一直在这里等着你。

我的父母是中国父母中最普通的代表，他们把最好的人生给了我，再用剩下的人生来守候我。我至今还在为梦想一刻不停地奋斗着，希望早一天带爸妈去外面的世界看一看，也希望有足够的物质条件去满足爸妈年轻时因为我而放弃的梦想。我想告诉所有正犹豫着或者已经在路上的年轻人，如果选择远行，请风雨兼程，好好奋斗吧。可无论何时，都请记得一直在等待你回家的爸妈，因为二十岁的你拥有整个世界，而他们除了你，什么都没有。

（摘自《读者》2015 年第 24 期）

儿子“成人”记

朱立勤

儿子是“80后”，也算得上是个帅哥，看到他朝气蓬勃的阳光模样，回忆起他成长过程中的一些往事、糗事，感慨良多……

“输”在了起跑线上

1983年，儿子降临。望子成龙，人之常情，我等平庸之辈，亦难免俗。单为给他取名，我几乎翻烂了《辞海》，尚难定夺，踌躇数月，才去报了户口。取名——姑隐其名吧，按《辞海》条目注：“是有卓越智慧的人”，可见我们对他寄予的希望。

可惜，儿子小时候的表现丝毫不见“是有卓越智慧的人”的迹象，相反，他读书时，成绩总排在班上倒数三名之列。偶有考试分数达到或超过60分，那就成了我们家的节日，对他又是表扬，又是奖励，勉励他争取更大的胜利。他却调皮地说："分不在高，及格就好。"学习状态，依然如故。

有人怀疑他的智商，屡次建议我们带他去做"智商测定"，可发生在他身上的一些事情，让我们谢绝了这些"好心建议"。

有一年春节，亲友团聚，十分热闹。有人发现地上有一些纸币，便询问谁是失主。儿子瞄了一眼，说是他的，随即背出一串阿拉伯数字，与纸币上的号码完全吻合，众人皆惊。

他上小学三年级时，他母亲生病需动手术。当时床位紧张，难以入院，我们只能焦急等待。不料有一天，他放学回家，一本正经地宣布，此事他已解决了。望着他稚嫩的脸，没人相信这是真的。谁知第二天，他就领着他母亲住进了医院。原来他在学校经多方打探，听说有一名高年级学长的母亲是这家医院的主任医生。他找到那名学长，将二人关系发展成"哥们"，入院之事便水到渠成。

这样的孩子，智商会有问题？

儿子心地善良，看到乞丐，总是倾其所有，掏出零花钱；儿子心理健康，毫不嫉妒成绩好的同学，与人相处融洽；儿子是非分明，疾恶如仇，从不屈服于强势，也不恃强凌弱；儿子身体健壮，热爱体育活动，但就是不把头上的"差生"帽子当回事，成天没事偷着乐。看到他那副没心没肺的样子，真是让人无可奈何。

但是，学生的一切似乎都是以分数论成败的，无论是按当时或是现在的说法，儿子都可谓彻底地输在了起跑线上。

不成才，可以成人

儿子小学毕业，谢天谢地，经"电脑派位"被分到一所很不错的中学，欣喜之余，我们又为他的学业能否跟上而担心。

果不其然，开学不久，学校摸底考试后，我们就以"个别学生家长"的身份，被老师召见，在严肃的气氛中，双方进行了坦率的会谈。会谈内容仍是"成绩排名倒数”的历史问题，以及如何迅速改变这种状况的现实问题等。

由于短时间内未见成效，我们就隔三岔五地被召见，差点成了学生（差生）家长常驻学校代表。

依我愚见，既有排名之举，必有前后之分，终不成所有孩子都并列第一？但这种想法我不敢表露出来，于是只能对老师表示教子无方的愧疚，同时，还陷入面对儿子日趋逆反的无奈之中。

儿子初二那年，竟领着同学在校门口与人斗殴，全家惊恐。我们对他进行了严肃审问，终于弄清了事情的缘由。

原来，有两个不良少年在学校附近抢夺学生财物，儿子不甘同学被欺负，出手相助，召集了几个“肝胆相照”的兄弟，选择在校门口的有利地形，采取了以多制少的战术（几个打一个），教训了对方。

明白了事情原委，我心里暗暗叫好：有勇有谋有担当，是个男子汉。可我嘴上还是得说，此类事情应当报告老师。

我将此事反映给校方，以期引起重视，同时也欲洗刷儿子“组织斗殴”的罪名。我不仅得到了想要的结果，校方还多给了我一个结率：这个孩子总归很难成才了。

老羞成怒时，我也曾对儿子滥发淫威，斥责他“朽木不可雕也”，是个不成才的东西。儿子却也不示弱，瞪着无邪的眼睛反问：“你成才了吗？”

本人一介草民，纯属无权、无势、无钱的“三无产品”。被他一枪刺中软肋，我半晌才缓过神来，为自己寻找托词，声讨“文化大革命”，控诉“四人帮”，好像没有“文化大革命”和“四人帮”，我就会成为了不起的人物。儿子举起双手，打出“暂停”的手势，抢过我的话头说：“‘文化大革命’，周总理力挽狂澜；‘四人帮’横行，陈景润照样攻克‘哥德巴赫猜想’；改革开放，年广久卖‘傻子瓜子’发财。你呢？”

这熊孩子知道的还不少。被他一顿呛，我如芒在背，难以招架。“你成才了吗？”儿子追问。

是啊，我们成天盯着孩子成才，可究竟什么是成才呢？我们为人父母者，又做得如何呢？面对儿子的追问，我一时语塞。

“如果只有考上名牌大学、当大官、发大财才算成才，那全世界几十亿人不都白活了吗？”这小子，越说越来劲。“你不想成才，想怎样？”我问他，口吻苍白无力。

“成不成才，我也不知道。”他回答得也很苍白无力，但是——一个转折，口气又硬了起来，“我保证成人。”

我茫然：“成人？什么叫成人？”

“做普通人，过平常日子。”儿子的回答，让我沉思……

曲折的就业之路

儿子磕磕绊绊地读完中学，进入一所中专学校。幸运的是，他的班主任是一位具有丰富教育（不仅是教学）经验的老教师。三年来，在她孜孜不倦、锲而不舍的殷切教诲下，儿子各方面都有长足进步，我们看在眼里，喜在心上。直到现在，我们都对那位老师深怀敬意和感激。

高考，儿子名落孙山。时逢互联网快速发展之时，失学无业的儿子沉溺其中，日复一日，走火入魔。看着他日趋萎靡的样子，我不胜痛惜和焦虑。要让他从痴迷的网络世界重新回到现实中来，除了尽快就业，别无良策，可仅凭一纸中专文凭，就业谈何容易。

好在儿子不是好高骛远之徒，有人介绍酒吧门童之职他也肯去，但这类灯红酒绿、纸醉金迷之地，对一个涉世未深的青年来说合适吗？权衡再三，我依仗“父权”断然否决：“宁蹬三轮，不当门童。”儿子说：“上海三轮已经绝迹，想蹬也没有。”父子相视而笑，那是苦恼的笑。

一日，听说以前与我有过不错交情的袁某开了一家公司，我便兴冲冲地登门拜访。

袁老板遗憾地告诉我，他刚招了几个本科生，实在爱莫能助，还说了一大堆公司的难处。于是我向袁老板宣布了自己临时做出的决定：儿子到他的公司打工，工资由我支付，干什么都行，但要严格要求，让他经受锻炼和磨砺。

袁老板动了恻隐之心，开了方便之门。一番密谋，假戏真做，当我把公司员工登记表交给儿子时，心中五味杂陈……儿子上班了，劲头十足。我暗中按月准时将工资交给袁老板，由他发给儿子。每一次我都尝试找些理由，比如迟到、早退或工作失误之类的，想要扣掉一些钱，让儿子明白工作的艰辛。但这样的机会，竟一次也没有过。

一年后，儿子渐渐成了公司骨干，工资也从600元增加到1200元，增加的部分袁老板主动提出由他承担，我恭敬不如从命。

其间，儿子对足球的酷爱有增无减，绿茵场上，屡屡可见他矫健的身影。让人惊讶的是，他还当上了国家一级足球裁判员，常执哨赛事，结识了不少体育界的朋友，其中不乏大牌明星。

不久，他请求辞职，袁老板再三挽留，表示工资可增加到2000元以上，且由他全额支付，无意间揭穿了工资的秘密。儿子婉言谢绝，去意坚决。袁老板要我从中斡旋，儿大不由爷，我亦爱莫能助，儿子挥挥衣袖，潇洒而去。

儿子长大“成人”了

儿子去了一家体育用品公司，从底层做起，很快便适应了环境，得到上司的认可，工作和生活步入正轨，我那颗老是悬着的心，总算踏实了些。谁知安分了不到三年，他又辞职了。

辞职理由：老板抠门，难成大气候。我说：“天下乌鸦一般黑。”儿子说：“良禽择木而栖。”这样文绉绉的话出自他口，放在几年前，打死我也不信，但此时已不足为怪。自工作后，他就感到自己文化知识的浅薄和匮乏，为读书时的懈怠和荒唐自责后悔。知耻而后勇，从此，他常捧着书本，潜心研读，几年下来，积微成著，倒也读了不少书。我常为此窃喜：浪子回头金不换。

儿子新进的是家外资公司，总部设在北京，也是经营体育用品的，生意做得很大。儿子在新公司如鱼得水，凭着对工作的热爱，加之体格强壮，且对金钱名利看得淡泊，以一种零负担的状态，面对“压力山大”的工作，聪明才智发挥得淋漓尽致，取得了骄人的业绩，很快被委以重任，进入公司高层。

2013年元旦，而立之年的儿子，自己把婚事给办了。超强的组织能力和良好的人际关系，让我由衷感慨：儿子长大了，成熟了，是个有担当、有作为的男人。

婚礼隆重而不落俗套。我唯一感到不安的是，自己在儿子的终身大事上无甚作为，未能像有些父母那样在房子、车子、票子上折腾得痛不欲生，不知是可憾还是可庆。在此，对儿子、儿媳说一句：“谢谢，对不起。”

婚后，小两口把家安在北京，二人世界，情深意笃。儿媳绝对是个“美眉”，学历和职业都令人羡慕，更难能可贵的是相当贤惠和孝顺。不久，孙子诞生了，我幸福得无以言表。

儿子一家常来上海探望我们，亲情浓浓，其乐融融。我们也常去北京小住，含饴弄孙，享天伦之乐。人生至此，夫复何求也！

（摘自《读者》2016年第6期）

母亲是最朴素的人文

梁晓声

我出生在哈尔滨市一个建筑工人家庭，兄妹五人，为了抚养我们五个孩子，父亲在我很小的时候就到外地工作，每月把钱寄回家。当时父亲的工资很低，每次寄回来的钱都无法维持家中的生活开支。我们五个正处在成长时期的孩子经常挨饿。

我家虽然穷，但母亲还是非常支持我读书。我从同学那里借来《红旗谱》，读过后才知道还有下集。我非常想看这本书的下集，下了很大的决心才鼓起勇气去找母亲要钱。

那天下午两点多，我来到母亲做工的小厂。进去一看，原来母亲是在一个由仓库改成的厂房里做工。厂房不通风，也不见阳光，冬天冷夏天热，每个缝纫机的上方都吊着一个很低的灯泡。厂房很热，每个人都戴着厚厚的口罩，空中飞舞着红色的棉絮，所有母亲戴的口罩上都沾满了红色的棉絮，头发上、脸上、眼睫毛上也都是，很难辨认哪位是我母亲。

我一直不知道母亲是在这样的环境下工作，后来还是母亲的同事帮我找到了她。见到母亲，本来找她要钱的我，一时竟说不出话来。

母亲说："什么事说吧，我还要干活。"

"我要买书。"

"梁嫂，你不能这样惯孩子，能给他读书就不错了，还买什么书呀。"母亲的工友纷纷劝道。

"读书反正不是什么坏事。"母亲说完把钱掏给了我。

拿着母亲给的钱，我的心情很沉重，本来还沉浸在马上拥有新书的喜悦中，现在一点儿买书的念头都没有了。当时我心里很内疚，就用母亲给的钱给她买了罐头。母亲看到我买的罐头反而生气了，然后又给了我钱去买书。

这件事给我的印象很深，以至于后来参加工作后我的第一件事就是给母亲买回所有款式的罐头和点心。母亲把这些罐头擦得很亮，整整齐齐地摆在桌子上。

我们这一代人的父母，几乎没有过一天幸福的晚年。老舍在写他的母亲时说，我母亲没有穿过一件好衣服，没有吃过一顿好饭，我拿什么来写母亲。萧乾在写他母亲时说，他当时终于参加工作并把第一个月的工资拿来给母亲买罐头，当他把罐头喂给病床上的母亲时，她已经停止了呼吸。季羡林在回忆他母亲时写道，我后悔到北京到清华学习，如果不是这样，我母亲也不会那么辛苦培养我读书。我母亲生病时，都没有告诉我，等我回到家时，母亲已经去世……

如果我们的父母能长寿，到街心公园打打太极拳，提着鸟笼子散散步，过生日时给他们送上一个大蛋糕，春节一家人到酒店吃一顿饭，甚至去旅游，我们心中也会释然。爱是双向的。只有父母对孩子的爱，没有孩子对父母的爱，这种爱是不完整的。父母养育孩子，子女尊敬父母，爱是人间共同的情怀和关爱。

（摘自《文摘报》2017年12月23日）

落在父亲生命中的雪

熊荟蓉

“落在一个人一生中的雪，我们不能全部看见。每个人都在自己的生命中，孤独地过冬……”

这是新疆作家刘亮程在《寒风吹彻》里的一段话。父亲节来临之际，它催生了我潜藏的泪水，将我带进那久远的艰难岁月，也让我分外清晰地看到了那些落在父亲生命中的雪。

查出患心脏病和高血压时，父亲才三十出头，那时我刚上初中。那时候的秋天好像特别冷，9 月一开学就需穿上夹衣了。我每周都要穿过四五里长的田间小路回家，带着一罐头瓶腌菜和五毛零花钱返校。

开学不久后的一个周末，我回到家，意外听到母亲边哭泣边说：“你这病要长期吃药，又不能负重，卖棉花的白条不晓得哪天能兑现，我看就让蓉儿去学裁缝吧。湾子里就她一个姑娘在读书了……”

父亲的声音干脆利落："蓉儿聪明，是读书的料。这话以后不要再提。我这病一时半会儿也不会要命，咱们悠着点，日子能过得去的……"

我装作什么也没有听见，径去厢房找饭吃。只是后来在返校时，拒绝接受父亲递过来的五毛钱。父亲没有勉强，他默默推出自行车，送我上学。

乡间土路，逼仄坑洼，一边是水沟，一边是田地。自行车买回家才半年，父亲车技不佳。我在车后座上摇晃，提心吊胆。

过谭湖段时，猛一阵颠簸，父亲和我连人带车翻到田里。我只是被稻草扎了一下，并无大碍。父亲却歪在车下，挣不起身子来。

在我的帮助下，父亲才重新站起来。他拍拍身上的泥土，有些尴尬地笑了笑，随即提出要我坐在车上，他继续推车行进。

我说学校快到了，你先回去吧。他没有坚持，叮嘱我好好念书，就调转车头。

绚烂的夕阳余晖中，他摇晃在自行车上的黑瘦的背影，显得那么单薄而苍凉。我不忍看第二眼，铆足劲儿朝学校奔跑。

回到学校，在书包的夹层里，我发现了被刻意藏着的五毛钱。每周的这五毛钱，是用来补充维生素的。

那时候，我们自己淘米，用铝盒煮饭吃。下饭的菜，就是从家里带来的酱萝卜、洋姜、霉干菜之类。条件好点儿的学生，可能会带些榨菜炒肉、干鱼什么的。父亲说光吃腌菜不行，要我打点青菜，补充维生素。

五分钱一个的青菜，我本来就舍不得买，这时更不会了。我的零用钱都花在了买纸笔和蜡烛上。晚自习下课后，教室就停电了。还想学习，就只能点蜡烛。一支蜡烛八分钱，能点两个晚上。

直到现在，我都记得蜡烛那淡淡的熏香味，记得镜子里那黑黢黢的鼻孔，记得考了好名次后老师那高分贝的表扬声，记得同学们羡慕和嫉妒的眼神。

说到底，那时我更沉浸于小我的感受，并深以自己的刻苦努力为荣。当我朝着自己的目标坚定奋斗的时候，我看不到落在父亲身上的雪，那沉甸甸的雪。

又一个周末回家，见到一脸苦相的大舅正在堂屋里跟父亲说着什么，之后，父亲踅回房里拿出一张条子交给他："这是 150 块，你先对付一下。以后，不要再赌了……"

大舅走后，母亲嘟哝开来："我们的日子都愁得没有法子，你倒是会做好人，给他钱，丢到无底洞里……"

父亲沉下脸来说："你忍心看着你兄弟被别人下胳膊下腿吗？他求到我们这里了，总不能让他空着手回去。"

然而，父亲的不忍，终是将自己拖进了更深的冬天。那时候，除了田地的收入，我家再没有其他来钱的途径。家里意外支出的这 150 元钱，只能通过精打细算、节衣缩食来弥补了。

那一个秋冬，我们连红薯和甘蔗都没有吃足，更不用谈鸡蛋和面饼了。所有能换钱的东西，都被父亲打进了算盘。

红薯和甘蔗都被择优下了窖，留待正月里卖钱。芋环、慈姑各留了两碗，用来招待拜年的客人。花生就炒了一筛子，过年塞了一下牙缝。元宵节，我们甚至连蒸肉都没吃一片。就是这样，我还是听到父亲对母亲说："我们只有 90 块钱了。"

记忆中，每年的元宵节晚上，父亲都要跟母亲交家底。在 20 世纪 80 年代初期，我们姐弟每学期的学费就得二三十元，还有种子、农药、化肥，以及三亲六眷的红白礼金，都是逃不脱的开支。我不晓得父亲是怎么用这 90 元让全家渡过难关的。

有一点可以肯定，父亲没有向别人借钱。

父亲外表瘦弱，骨子里却硬气得很。他一生都没有向任何人借过一分钱。家里造了两栋房子，都是把材料和钱攒齐了才开工。对家庭事务，他长计划短安排，从不打无准备之仗。后来，即使因病下了辞世的决心，他也是把自己的丧葬费用凑够了才离开。

父亲总是说："节省要从坛子口开始。"意思是等一坛子米快吃完了，再节省就没有用了。所以，我们吃过麦米粥、杂粮焖饭、高粱粑子，但我们家的大米缸从未空过。我们穿过补丁缀补丁的衣裤，但我们在冬天从未挨过冻。

我们生命的每一抹暖阳、每一缕清光，其实都是父亲用孤独的雪擦亮的。现在，当我为了给儿子买房，而甘愿长年累月地躬耕匍匐（在格子里），每天忍受十几个小时的煎熬时，我总是想起父亲，想起他为我们所默默承受的苦，那些不曾诉说的累，那些悄悄化掉的冰……

父亲，一直都在自己的生命里，孤独地过冬。落在他一生中的雪，今天，终于被我看见。

（摘自《读者》2016年第17期）

母亲的书

琦　君

从小到大，我上过那么多年学，后来又教书，生活天天不离书，和书打的交道最多，也读过很多本书，而母亲的书却是我怎么也读不完的。

母亲在忙完一天的煮饭，洗衣，喂猪、鸡、鸭之后，就会喊我："小春呀，去把妈的书拿来。"

我就会问："哪本书呀？"

"那本橡皮纸的。"

我就知道妈妈今晚心里高兴，要在书房里陪伴我，就着一盏菜油灯，给爸爸绣拖鞋面了。

橡皮纸的书上没有一个字，实在是一本"无字天书"。书里面夹的是红红绿绿、色彩缤纷的丝线，用白纸剪的朵朵花样。还有外婆给母亲绣的一双水绿缎子鞋面，没有做成鞋子，母亲就这么一直夹在书里，夹了将近十年。外婆早已过世了，水绿缎子上绣的樱桃仍旧鲜红得可以摘来吃似的；一对小小的喜鹊，一只张着嘴，一只合着嘴。母亲告诉过我，那只张着嘴的是公的，合着嘴的是母的。母亲每回翻开书，总先翻到夹得最厚的一页。对着一双喜鹊端详老半天，嘴角似笑非笑，眼神定定地，像在专心欣赏，又像在想什么心事。然后再翻到另一页，用心地选出丝线，绣起花来。好像这双鞋面上的喜鹊、樱桃，是母亲永久的样本，她心里的图案和颜色，仿佛都是从这上面变化出来的。

母亲为什么叫这本书为橡皮纸书呢？是因为书页的纸张又厚又硬，像树皮的颜色，也不知是什么材料做的，非常坚韧，再怎么翻也不会被撕破，又可以防潮。母亲就给了它一个新式的名称——橡皮纸。其实这是一种非常古老的纸，是太外婆亲手裁订起来给外婆，外婆再传给母亲的。书页是双层对折，中间的夹层里，有时会夹着母亲心中的至宝，那就是父亲从北平的来信，这才是“无字天书”中真正的“书”。母亲当着我，从不抽出来重读，直到花儿绣累了，菜油灯花也微弱了，我背《论语》《孟子》背得伏在书桌上睡着了，她才会悄悄地抽出信来，和父亲隔着千山万水，低诉知心话。

母亲生活上离不了手的另一本书是皇历。她在床头小几的抽屉里、厨房碗橱的抽屉里，各放一本，随时取出来翻查，看今天是什么日子。日子的好坏，对母亲来说太重要了。她万事细心，什么事都要图个吉利。买猪仔、修理牛栏猪圈、插秧、割稻都要拣好日子，腊月里做酒蒸糕就更不用说了。只有母鸡孵出一窝小鸡来，由不得她拣在哪一天，但她也要看一下皇历。如果逢上大吉大利的好日子，她就好高兴，想着这一窝鸡就会一帆风顺地长大；如果不巧是个不太好的日子，她就会叫我格外当心走路，别踩到小鸡，在天井里要提防被老鹰攫去。有一次，一只老鹰飞扑下来，母亲放下锅铲，奔出来赶老鹰，还是被它衔走了一只小鸡。母亲跑得太急，一不小心，脚踩着一只小鸡，把它的小翅膀踩断了。小鸡叫得好凄惨，母鸡在我们身边团团转，咯咯咯地悲鸣。母亲身子一歪，还差点摔了一跤。我扶她坐在长凳上，她手捧受伤的小鸡，后悔不该踩到它，又心痛被老鹰衔走的小鸡，眼泪一直流，我都要哭了。

皇历上一年二十四个节气，母亲背得滚瓜烂熟。每次翻开皇历，要查眼前这个节气在哪一天，她总是从头念起，一直念到当月的那个节气为止。我也跟着背："立春、雨水、惊蛰、春分、清明、谷雨……"但每回念到白露、秋分时，不知为什么，我心里总有一丝凄凄凉凉的感觉。小小年纪，就兴起"一年容易又秋风"的感慨。也许是因为八月里有个中秋节，诗里面形容中秋节月亮的句子那么多。中秋节是应当全家团圆的，而我们一年盼一年，父亲和大哥总是在北平迟迟不归。还有老师教过我《诗经·蒹葭》："蒹葭苍苍，白露为霜。所谓伊人，在水一方。溯洄从之，道阻且长。溯游从之，宛在水中央。"我当时对"宛在水中央"不大懂，而且觉得有点滑稽。最喜欢的是头两句。"白露为霜"使我联想起"鬓边霜"，老师教过我那是比喻白发。我时常抬头看一下母亲的额角，是否已有"鬓边霜"了。

《本草纲目》是母亲做学问的书，那里面那么多木字旁、草字头的字，母亲实在也认不得几个。但她总把它端端正正摆在床头几上，偶然翻一阵，说来也头头是道。其实都是外公这位山乡郎中口头传授给她的，母亲只知道出典都在这本书里就是了。

母亲没有正式认过字、读过书，但在我心中，她却是博古通今的。

（摘自《读者》2016年第24期）

孝心无价

毕淑敏

我不喜欢一个苦孩子求学的故事。家庭十分困难，父亲逝去，弟妹嗷嗷待哺，可他大学毕业后，还要坚持读研究生，母亲只有去卖血……我以为那是一个自私的学子。求学的路很漫长，一生一世的事业，何必太在意几年蹉跎?况且这时间的分分秒秒都苦涩无比，需用母亲的鲜血灌溉! 一个连母亲都无法挚爱的人，还能指望他会爱谁? 把自己的利益放在至高无上位置的人，怎能成为为人类奉献的大师?

我也不喜欢父母重病在床，断然离去的游子，无论你有多少理由。地球离了谁都照样转动，不必将个人的力量夸大到不可思议的程度。在一位老人行将就木的时候，将他对人世间最后期冀的希望斩断，以绝望之心在寂寞中远行，那是对生命的大不敬。

我相信每个赤诚忠厚的孩子，都曾在心底向父母许下孝的宏愿，相信来日方长，相信水到渠成，相信自己必有功成名就、衣锦还乡的那一天，可以从容尽孝。

可惜人们忘了，忘了时间的残酷，忘了人生的短暂，忘了世上有永远无法报答的恩情，忘了生命本身有不堪一击的脆弱。父母走了，带着对我们深深的挂念。父母走了，遗留给我们永无偿还的心情。你就永远无以言孝。

有一些事情，当我们年轻的时候，无法懂得。当我们懂得的时候，已不再年轻。世上有些东西可以弥补，有些东西永无弥补……

“孝”是稍纵即逝的眷恋，“孝”是无法重现的幸福。“孝”是一失足成千古恨的往事，“孝”是生命与生命交接处的链条，一旦断裂，永无连接。

赶快为你的父母尽一份孝心。也许是一处豪宅，也许是一片砖瓦。也许是大洋彼岸的一只鸿雁，也许是近在咫尺的一个口信。也许是一顶纯黑的博士帽，也许是作业簿上的一个红五分。也许是一桌山珍海味，也许是一个野果一朵小花。也许是花团锦簇的盛世华衣，也许是一双洁净的旧鞋。也许是数以万计的金钱，也许只是含着体温的一枚硬币……孝的天平上，它们等值。

只是，天下的儿女们，一定要抓紧啊！趁你父母健在的光阴。

（摘自《文摘报》2017 年 11 月 2 日）

外　婆

秦文君

外婆是个属于过去年代的旧式人物，小脚，目不识丁，一出场就带着古董气。外婆很早守寡，清秀的脸上配着高高的颧骨，昔日温情荡然无存，只剩下严峻和精明。

我念中学那会儿，外婆每年夏天都要搬到我家来住，等天气凉了再回舅舅家。对于我们姐弟，外婆总是毫不犹豫地表示出对弟弟的溺爱，对我的苛刻。坦白地说，我不怎么欢迎外婆，除去她对我的种种数落之外，还因为那时我的几个好友都没有这样守旧的长辈。

外婆来的日子，总会喊来一辆三轮车，很隆重地载着她避暑的必需品：竹睡椅、蒲扇、擦汗的一大摞白手巾等等。外婆每天早晨醒得极早，而且一醒就迫不及待地站起来洗假牙，仿佛这是桩神圣的头等大事。那些年，我睡觉很轻，所以，被吵醒后怒气冲冲睁开眼，总会看见外婆一身黑印度绸衣衫，像个修女似的沉默着把水弄得哗哗响。

我怪她吵醒我，她就叫：轻点，他们还在睡！可说话的声调却要把全世界都惊醒！事隔多年，我才知道，她那时已开始耳聋了。

外婆在生活中比一般人要讲究，她每天早晚要吃饼干，下午的一顿点心也是必不可少的。其实外婆并不是富婆，只是靠变卖家底度日。到了我念中学的第二个暑假，她只剩下几个小首饰和一架电风扇可供变卖。我看见外婆沮丧地进寄售店送进她的值钱东西，换成钱后用手帕裹住。一旦有客人来，外婆却会把那些旧票子换成各种点心水果款待那些人。在她的观念中，穷和潦倒并不塌台，而亏待他人则属十恶不赦。

每逢有男生来，外婆就寸步不离左右，在一边察言观色。他们走后，外婆又唠叨个没完，说我没有女孩的心计。我反感透顶，大叫外婆是封建主义的堡垒；外婆就嘲讽我洗脸只洗个鼻子，刷牙只刷门牙，有骂长辈的时间，还不如打扫一下自己。还进一步数落我不该每天在穿衣镜前左照右照，自己又不是不认得自己。

这下火山爆发了。那段时间，我常偷偷地照镜子，可我一向认为这是自己的秘密。我不由恼羞成怒，觉得外婆太像一个特务！

后来外婆又去食铺买点心，我锁上门，把保险别上，她回来发现自己被锁在外面不由气急败坏。妈妈回来后，外婆不依不饶，不知怎么就触动了妈童年时留下的隐痛，声泪俱下地同外婆顶嘴，说她重男轻女。

外婆怔怔地听着，好像十分吃惊，头一回知道积怨这么深。第二天，她就叫了辆三轮车，返回舅舅家。

一直挨到过年。初一去外婆那儿拜年是我家铁定的规矩。早在一星期前我就开始想象初一时外婆孤洁自傲的神色，心中沉沉的。到了那天，表兄妹们都给外婆问过好了。我犹豫着，不知怎么办。这时，弟弟过来了，说外婆让他把给我的那份压岁钱转交我。我摸紧钱，心里有些感谢外婆的宽容。远远望去，外婆正泰然处之地端坐在太师椅上，让妈妈去给一些老亲戚拜年，她扳着手指数出许多人名。外婆的交际圈居然那么大，也是的，七十年来，外婆风风雨雨，历经沧桑，太多的人、太多的事都遇上过了，因此也就变得既能够挑剔，又能够宽容了。

那年春天，我患上了一种奇怪的病，不分昼夜地咳嗽。外婆听说此事，差舅公送来一大罐药泥。吃过当夜干咳就大减。妈妈带我去外婆处谢救命之恩，外婆有些憔悴，但很矜持，闭口不谈别的，只说那药不过是用百果、生梨、川贝粉熬成的偏方。

外婆挽留我在她那儿住几日，她带我下了一次饭馆，初次在饭馆吃饭的我总有些拘束，不知手脚往哪儿放。外婆端坐在那儿，说别忸怩，你记住自己是个堂堂正正的人，那样到什么场合都会从容。又说进饭馆更不用慌，又没有堂倌来赶你走。后来我再去生疏的地方，再经历大场面，都会用这番话壮胆。

再后来，我下乡去了，每年总在春节回家一趟，去给外婆拜个年。外婆那时已年近八十，但仍坚持要自己单独开伙，她的伙食永远办得比舅舅家可口。外婆明显地老了，身子缩得厉害，上楼下楼需要用拐杖一点一点硬撑着。可即使这样，她仍努力料理自己：盖干净的被子，吃美味的点心。

终于，外婆变卖光了所有值钱物品。妈妈召集姨妈、舅父讨论赡养老人。那天外婆也在场，她例行公事似的坐在太师椅上。当大家谈定每月的赡养费，准备让外婆定夺时，才发现外婆倚着太师椅熟睡了。大家就说悄悄话，说外婆最不愿让人赡养，她那些首饰黄金都是年轻时做小生意攒下的辛苦钱，她想在后代眼中成为一个有力的人。

外婆死在一个黄昏，据说临死前她昏迷了一阵，医生说她没什么病，是老死的。她没留下什么纪念物，可我总感觉她给了我许多支撑，让我晓得堂堂正正按自己的心愿生活实在是一种幸福。

（摘自《文摘报》2017 年 10 月 14 日）

父亲的手艺

朱天衣

从小到大，家中绝大多数时间都是由母亲掌厨，若平日远庖厨的君子父亲卷起袖子做起羹汤来，那必是有特殊食材入门（如螃蟹、臭豆腐），要不就是大宴宾客时。父亲的刀工是出了名地细腻，请客必备的卤味拼盘一定得由他来操刀：牛肠、海带、豆干做底，牛腱肉切成薄片呈半透明状整齐铺排在最上层，盘边则是以卤蛋瓣为装饰，最后再以西红柿雕花作画龙点睛之妙。

每当父亲在做这份细活时，我总会扒着桌边看他一步步完成这件大事——除了贪图父亲把零星的食材塞入我的嘴里，我更喜欢看他似变魔术般把浑圆的卤蛋分割成一片片的花瓣。他以嘴含着棉线的一端，用手把线在蛋上绕一圈，换个角度再绕一圈，如此转个四回，八瓣蛋花就这么绽开了，即便我后来接管了家里的厨房，这门绝活却始终没学会。

在我们姊妹仨还一口乳牙时，每当要吃甘蔗，父亲都会不厌其烦地将那咬不动的甘蔗节梗去掉，再把甘蔗切成大小适中的一块块，放在碗里让我们享用。夏天热到不行时，父亲会骑脚踏车从外面搬回一块冰砖，随即用锉刀锉出一脸盆的碎冰，里面添加了些什么料已不记得，但那冰凉的好滋味却让我至今都无法忘怀。

吃凉面时，父亲会先把煮熟的肉块切细，连那小黄瓜也不用刨刀将就，仍是以刀工慢慢切出丝来，那份青绿鲜脆的口感就是不一样。饭后从水缸里抱出来西瓜，他会先把那猪尾巴般的一段藤蔓连瓜皮一起片下来抹拭刀刃，随即切出一片片大小均等、厚度一致、像帆船一般的绿皮红肉瓜。若吃的是苹果、水梨，我也会在旁边等着接收父亲以小刀削下的如蛇状的果皮，好挂在脖子上当项链。

那时节，美援的面粉忒多，村子里的妈妈们便会变换着花样做出各式各样的面食点心，满足一家大小的口腹之欲。我们家也常做面点，每当包饺子时，都由父亲和面、擀皮，当他卷起衣袖要大展身手时总会说："好吃不过饺子，舒服不过倒着。"一旁只会按剂子的我，还没吃上饺子便已开心起来。若是做馒头或包子，那么父亲一定会为我们姊妹仨各做一只小白兔，我也总会耐心地守候在蒸笼旁，等着那用红豆点缀双眼的小兔子出炉。

父亲不仅厨艺精湛，在美术、女红上也常是我们的靠山。我永远记得父亲和大姊联手制作的那个枕头套，绘制的是海底世界，那栩栩如生的水草，那五彩斑斓的热带鱼，简直如梦境般美到不可方物，此后有很长一段时间，我的涂鸦之作便是绕着那水草和热带鱼转，它们已似图腾般烙在我的脑海中了。当同学们头疼于铅笔素描或水墨国画时，我却自自在在，一点也不担忧，因为回到家父亲三两笔就为我解决了——但也就止于这些无关学业成绩的习作，其他功课乃至作文，我们都很识趣地决不劳烦他。

父亲一向不说什么大道理，总以身教示我们。虽则我是到了一个年纪才享受到写作及慢工出细活的意趣，但他常年伏在案上写作的身影以及那陪伴我成长的细腻手艺，早已潜移默化，成为我生命的底蕴了。

（摘自《读者》2016 年第 13 期）

民工父亲的“幸福”

李良旭

搬入新居不久的一天，我面朝着宽大的落地玻璃窗，端坐在电脑前，专心地打着字。光线很好，明媚的阳光像瀑布一样泼洒进来，一切看上去是那么温暖、清亮、宁静。心情，也沐浴在一片暖融融的气氛中。

突然，响起一阵杂乱的敲门声，像宁静的湖面扔进了一个石子，打破了这份宁静和惬意。我心里好生纳闷，嘀咕道：门上不是有门铃吗？为什么还要这样乱敲门？

我轻手轻脚地走到门边，屏住呼吸，从猫眼往外看去：只见一个陌生人。他头发蓬乱，脸上的灰尘和着汗水，斑斑点点，眼睛里露出一种焦灼和茫然的神色。他是谁？想干什么？一连串的疑问在我脑海里闪现。我警惕地将门打开一条缝隙，并做好随时关上门的准备，问道：“你找谁？”

只见那人脸一下子涨得通红。他从口袋里抖抖颤颤地摸出一包皱巴巴的香烟，从里面抽出一支递过来，脸上堆满了真诚的笑意，嗫嚅道："同志，我是您住的这片小区干活的民工。我想请您帮个忙，不知您能不能同意？"

"什么事？你说吧。"我推开他递过来的那根香烟，一脸狐疑地问道。

见我态度平和，没有那种拒人于千里之外的冷漠，他的脸上流露出一种激动，脸涨得更红了，急促地说道："是这样的，我的儿子马上就要放暑假了，他要从老家到城里来看我。孩子说，他想亲眼看看自己的父亲在城里盖了多少漂亮的房子。我想，孩子来了后，我能带孩子到您家看看吗？如果他看到城里人住上他爸爸盖的这么好的房子，心里一定会感到非常自豪和幸福的。不知您能不能同意？房子盖了许多，可我从来不知城里人住在里面的情况，我很难对孩子描述清楚。"这位民工一口气把话说完后，一脸焦灼和企盼。

我恍然大悟。原来这位民工父亲是想让乡下的孩子亲眼看见自己在城里的"杰作"，真是一位细心的父亲啊！我也是一个父亲，自己在工作中取得一点成绩，或者在报刊上发表一篇小文章，不是也喜欢在儿子面前炫耀一番吗？那是一个父亲的自豪和骄傲啊！想到这儿，我毫不犹豫地点头答应了。

这位民工见我爽快地答应了，激动得连连称谢，一副受宠若惊的样子。他忍不住说道："谢谢！谢谢！您可真是个大好人啊。我问了好几家，人家一听我要带孩子来看看他们家，有的一句话也不说，随手就将门咣地关上了；有的说我脑子有问题，简直莫名其妙；还有的跟踪我，怀疑我是坏人，一直看着我进了民工工棚。今天，我可遇到大好人了啊。"这位民工的脸上一片喜悦，洋溢着一种明媚。

几天后，这位民工父亲果然带着一个小男孩来到我家。小男孩十三四岁的样子，黝黑的皮肤，结实的身体，一双眸子很亮。见到我，小男孩一副怯怯的样子，但看到我热情和蔼地抚摸他的头，才放松下来。他父亲在一旁堆着一脸的歉意，不停地说道："乡下孩子，不懂事，请多包涵。"

父子俩套上我递过去的鞋套，小心翼翼地迈着步子。也许是第一次踩上木地板，他们好像生怕将木地板踩坏了似的，步子迈得格外轻缓。我看到，此时，一只大手和一只小手紧紧地握在一起，两人的目光中有一种扭捏和拘谨。做父亲的好像在努力地显示出一种老练和成熟，只见他边弯下腰，边对儿子讲道：“叔叔家住的这套房子就是爸爸的建筑公司盖的。当时在盖这栋楼房时，我负责砌墙，你别小看了这砌墙的活，必须做到心细、手细、眼细，不能有丝毫的偏差。你看，当时在砌这面墙的时候，这面墙上还留有一个洞口，和隔壁是相通的，为的是运送砖块、水泥、黄沙等施工材料，房屋建好后，这个洞口便被堵上了。现在，我要是不说，你可一点也看不出啊！哦，对了，我的中级工考试也通过了，现在，我也是有文凭的建筑工人了。”

看得出，孩子的父亲在竭力向孩子描绘自己在城里打拼时的一些细节，让儿子感受到自己在城里工作的情景。儿子听了，不停地望着他的父亲，眼睛里流露出一种自豪和骄傲的神情，只见他又用另一只手握了握父亲的手。父亲的腰板似乎又直了许多。面对此情此景，在一旁的我心里也有一种温暖和甜蜜的感觉。

看完了我的新居，两人亦步亦趋地退向门边向我告别。突然，这位民工父亲伸出两只手，一下子紧紧地握住了我的手，激动地说道：“今天，是我进城打工以来过得最幸福的一天，这种幸福我一辈子也忘不了。”我看到这位民工父亲的眼睛里一片晶莹。

没想到，在我看来一件简单、普通的事，竟让这位民工父亲这么激动。我突然感到，我和这位民工父亲的距离拉近了许多。

父子俩互相搀扶着下楼，只听孩子对他父亲说：“爸爸，您真了不起，盖出这么好的房子。城里人住得真舒服，如果我们在城里也能住上您盖的房子就好了。”儿子的语气里有种羡慕和向往。父亲爱怜地摸了摸孩子的头，说道：“傻孩子，这怎么可能呢？不要乱想了，你只要在家里把书念好了，帮爷爷、奶奶多干点活就行了。”

孩子仰起稚气的脸，掷地有声地说道：“怎么不可能？我一定好好读书，将来有出息了，我一定要让您和妈妈住上您在城里盖的房子，和城里人一样生活。”

听了孩子的这番话，这位民工父亲情不自禁地将孩子往怀里搂了搂。我看到，这位民工父亲将腰杆努力地挺了挺。

（摘自《读者》2010 年第 7 期）

努力学习的意义

吕不同

三年前，没上过一天学的外公，被肺心病折磨了八年后，自己在医院里拔掉鼻管，不理在床边跪成一排的三个舅舅的哀求，强行要求出院。

救护车把他送回家后，他坐在自己亲手做的那张帆布椅上，平静地交代完后事，把我叫到身旁说，不同，这个肺心病到底是什么病啊？好几年了，也没搞明白。

我摸出手机搜了一下肺心病，告诉他这病的全名叫什么，有哪些症状。我每说一个症状，他就嘿嘿笑着说，对对对，一点都没错。

我念完后，他又问，那这病最后把人“弄死”是因为什么？

我闻言鼻子一酸，不忍再念。

外公看着我说，孩子，念啊，这有什么关系。

我犹豫了一会儿说，多器官衰竭。

外公闻言点了点头，喃喃说了句：听起来好像很厉害。

沉默了一会儿，他眯着眼睛看了看对门门框上贴的春联对我说，你们年轻人现在还写对联吗?

我点点头说，也有人写。

外公扭头看我一眼，伸手叫我把他扶起来，然后叫外婆拿来眼镜和纸笔。一屋子人见状围了上来，还有人连忙搬来一张小桌子。

外公没有理会他们，戴上眼镜，弓着背，把本子放在自己的膝盖上，手颤抖着，一笔一画写了一副对联：

阴阳两隔哀思能抵

人间疾苦天府可消

我看了后说，外公，这好像是……葬礼上才会用的。

外公取掉眼镜笑着说，对啊，这就是我给自己写的挽联。

一屋子人传阅这副对联时，外公又对我说，你看这个“消”字是用三点水旁的好还是用金字旁的“销”好?

我还没说话，他突然兴奋起来，叫外婆帮他把那本已经被翻烂的《新华字典》拿来。

拿到字典后，他先是用力地咳嗽了一下，然后扶了扶眼镜，右手食指在舌头上蘸了点口水，一页一页地翻开字典，那郑重的样子像一个第一次查字典的小学生。

他查了有十分钟。查到结果后他把纸拿回去，在“消”字上打了个叉，在旁边写了个“销”字。写完后，他端详了一会儿，然后笑着说，嗯，这就对了。

半小时后，他坐不住了，躺到了床上。

一个小时后，他喝了一小碗粥。

两个小时后，他开始胡言乱语。

四个小时后，说了几个简单的音节后，他的嘴轻轻合上，脑袋微歪，安详离世，享年 81 岁。

我其实不知道努力学习的意义是什么。

只是那天我看着即将离世的外公坐在灰暗的光线下，弓着背，眯着眼，像完成一个仪式一样，虔诚地去搞清楚两个汉字之间的区别时，我忘记了悲伤，忘记了去想如何在他人生最后的时间去取悦他、安抚他。我只觉得全身的毛孔豁然张开，心里暖流涌动。

那一刻，我没觉得他是我的亲人、我的长辈，我只庆幸自己能看到一个面对死亡毫无畏惧、毫无恐慌，在人生的终点还充满求知欲的生命。

我也不知道自己算不算是在努力学习，但至少此时此刻，我还对未知的一切有着充足的兴趣，对那些不顾一切去探寻未知的人充满敬意。

在可预见的未来，人类都不可能参透生死和永恒，但终归，我还是想多知道一点，多看一点，把世事里灰色区域的面积尽量多挤压掉一点，使之变得黑白分明，是非可见。

如果死亡是一面镜子，那我希望有朝一日，在面对镜子里的自己时，我也能够像外公一样，不羞不愧，不怨不恼。

（摘自《读者》2016 年第 23 期）

二月兰

季羡林

转眼，不知怎样一来，整个燕园成了二月兰的天下。

二月兰是一种常见的野花，花朵不大，紫白相间，花形和颜色都没有什么特异之处。如果只有一两棵，在百花丛中，决不会引起任何人的注意。但是它以多制胜，每到春天，和风一吹，便绽开了小花。最初只有一朵、两朵、几朵，但是一转眼，在一夜间，就能变成百朵、千朵、万朵，大有凌驾于百花之上的势头了。

我在燕园里已经住了四十多年，最初我并没有特别注意这种小花。直到前年，也许正是二月兰开花的大年，我蓦地发现，从我住的楼旁的小土山开始，走遍全园，眼光所到之处，无不有二月兰在。宅旁、篱下、林中、山头、土坡、湖边，只要有空隙的地方，都是一团紫气，间以白雾。小花开得淋漓尽致，气势非凡，紫气直冲云霄，连宇宙都仿佛变成紫色的了。

我在迷离恍惚中，忽然发现二月兰爬上了树，有的已经爬上了树顶，有的正在努力攀登，连喘气的声音似乎都能听到。我这一惊可真不小：莫非二月兰真成精了吗？再定睛一看，原来是二月兰丛中的一些藤萝，也正在开着花。我实在觉得这个幻觉非常有趣。带着清醒的意识，我仔细观察起来：除了花形之外，两者颜色真是一般无二。反正我知道了这是两种植物，心里有了底，然而再一转眼，我仍然看到二月兰往枝头爬。这是真的呢，还是幻觉？由它去吧。

这种野花开花大概也有大年小年之别。碰到小年，它们只在小山前后稀疏地开上那么几片；遇到大年，则山前山后开成大片，二月兰仿佛发了狂。我们常讲什么什么花“怒放”，这个“怒”字用得真是无比奇妙。二月兰一“怒”，仿佛从土地深处吸来一股原始力量，一定要把花开遍大千世界。

东坡的词说：“人有悲欢离合，月有阴晴圆缺，此事古难全。”但是花好像没有什么悲欢离合，应该开时，它们就开；该消失时，它们就消失。它们是“纵浪大化中”，一切顺其自然，自己无所谓什么悲与喜。我的二月兰就是这个样子。

然而，人这个万物之灵却偏偏有了感情，有了感情就有了悲欢。人自己多情，又把情移到花上，“泪眼问花花不语”，花当然“不语”了，如果花真“语”起来，岂不吓坏人！这些道理我十分明白，然而我仍然把自己的悲欢挂到了二月兰上。

当年老祖还活着的时候，每到春天二月兰开花的时候，她往往拿一把小铲，带一个黑书包，到二月兰旁的青草丛里去挖荠菜。只要看到她的身影在二月兰的紫雾里晃动，我就知道在午餐或晚餐的餐桌上必然会弥漫着荠菜馄饨的清香。当婉如还活着的时候，她每次回家，只要二月兰正在开花，她离开时总穿过左手边二月兰的紫雾，右手边湖畔垂柳的绿烟，匆匆而去，把我的目光一直带到湖对岸的拐弯处。当小保姆杨莹还在我家时，她也同小山和二月兰结上了缘。我曾套用宋词写过三句话：“午静携侣寻野菜，黄昏抱猫向夕阳，当时只道是寻常。”我的小猫虎子和咪咪还在世的时候，我也往往在二月兰丛里看到它们：一黑一白，在紫色中格外显眼。

所有这些琐事都是寻常到不能再寻常了。然而，曾几何时，到了今天，老祖和婉如已经永远永远地离开了我们。小莹也回了山东老家。虎子和咪咪也各自遵循猫的规律，不知钻到了燕园中哪一个幽暗的角落里，等待死亡的到来。如今，天地虽宽，阳光照样普照，我却感到无边的寂寥与凄凉。回忆这些往事，如云如烟，原来近在眼前，如今却如蓬莱灵山，可望而不可即了。

对于我这样的心情和我的一切遭遇，我的二月兰一点也无动于衷，照样自己开花。

二月兰是不会变的，世事沧桑，于它如浮云。然而我却是在变的，月月变，年年变。我想学习二月兰，然而办不到。不但如此，它还硬把我的记忆牵回到我一生最倒霉的时候。在十年浩劫中，我被抄家，被打成了“反革命”。正是在二月兰开花的时候，我被管制劳动改造。

当时我的日子实在非常难过。我呼天天不应，叫地地不答，一腔义愤，满腹委屈，毫无人生之趣。在很长一段时间内，我成了“不可接触者”，几年没接到一封信，很少有人敢同我打招呼。我虽处人世，实为“异类”。

然而我一回到家里，老祖、德华她们，在每人每月只能得到十几元钱生活费的情况下，殚精竭虑地弄一点好吃的东西，希望能给我增加点营养；更重要的恐怕还是，希望能给我增添点生趣。婉如和延宗也尽量多回家来。我的小猫憨态可掬，偎依在我的身旁。它们分不清两类不同性质的矛盾，人视我为异类，它们视我为好友，从来没表示要同我划清界限。所有这一些极其平常的琐事，都给我带来了无限的安慰。尽管窗外千里冰封，室内却是暖意融融。我庆幸，在世态炎凉中，还有不炎凉者在。这一点暖意支撑着我，走过了人生最艰难的一段路，没有堕入深涧，一直走到今天。

我感觉到悲，又感觉到欢。

到了今天，否极泰来，不知怎么，我一下子成为“极可接触者”，到处听到的是美好的言辞，到处见到的是和悦的笑容。我从内心里感激这些新老朋友，他们绝对是真诚的。他们鼓励了我，他们启发了我。然而，一回到家里，虽然德华还在，延宗还在，可我的老祖到哪里去了呢？我的婉如到哪里去了呢？还有我的虎子和咪咪到哪里去了呢?

我感到异样地寂寞与凄凉。

我感觉到欢，不感觉到悲。

我年届耄耋，前面的路有限了。几年前，我写过一篇短文《老猫》，意思很简明，我一生有个特点：不愿意麻烦人。难道到了人生最后一段路上我要改变这个特点吗？不，不，不想改变。我真想学一学老猫，到了大限来临时，钻到一个幽暗的角落里，一个人悄悄地离开人世。

这话又扯远了。我并不认为眼前就有制订行动计划的必要。我还有很多事情要做，而且我的健康状况也允许我去做。有一个问题我还想弄弄清楚哩。按说我早已到了“悲欢离合总无情”的年龄，应该超脱一点了。然而在离开这个世界以前，我还有一件心事：我想弄清楚，什么叫“悲”？什么又叫“欢”？是我成为“不可接触者”时悲呢，还是成为“极可接触者”时欢？如果没有老祖和婉如的逝世，这问题本来是一清二楚的，现在却是悲欢难以分辨了。我想得到答案。我走上了每天必登临几次的小山，我问苍松，苍松不语；我问翠柏，翠柏不答。我问几十年来亲眼看着我这些悲欢离合的二月兰，它也沉默不语，兀自万朵怒放，笑对春风，紫气直冲霄汉。

1993 年 6 月 11 日写完

（摘自《读者》2013 年第 7 期）

所有的青春都是在为中年做准备

吴晓波

立冬既过，窗外绿深红浅。顺手抓着一本陈从周的《说园》，录下一段文字：

“万顷之园难以紧凑，数亩之园难以宽绰。紧凑不觉其大，游无倦意；宽绰不觉局促，览之有物，故以静动观园，有缩地扩基之妙。而大胆落墨，小心收拾，更为要谛，使宽处可容走马，密处难以藏针。”

这段文字，抄下来就觉得很舒服。西湖边有一郭庄，据说是陈从周的最后一件作品，也是他最喜欢的园林。琼瑶的《烟雨蒙蒙》即取景此处。前些年，我常带人去那里喝茶。郭庄很小，却曲折从容，妙处无穷，深得“借”字真味。现在想来，正好比作一篇文章，傍着一个著名的西湖，却自营造出一份独属的景致。

好文章，好人生，亦当如是。

近年来，突然喜欢看建筑师、设计师的文字，因为我觉得他们的实用感是我们这些写文章的人需要学习的。房子是建来让人住的，服装是裁剪出让人穿的，所以，合体舒服是第一要义。写文章是让人读的，也应该这样。山本耀司是我非常喜欢的日本服装设计师，他很喜欢从老照片中汲取灵感，他说自己有很多关于二十世纪初人像摄影的图书，喜欢那里面人与衣服之间的关系，人们穿的不是时尚，而是现实。或者换句话说，山本耀司希望他设计的服饰能够给穿它们的人这种感觉。我想，这是一种人们能够通过自己的穿着认识自己的感觉，当你照镜子的时候，你看到的是自己，而非衣服或时尚。

这样的体悟又岂仅与服装有关。大抵造园、作画、裁衣、行文、做企业、为人，天下一理，若胸中格局足够，无论大小都不足惧，关键是大处能容天地，小处能觅细针，须控制事物发展的节奏。所谓“经验”二字，经是经过的事，验是得到印证的事，都与实际有关。

这些道理，都是在中年以后才慢慢体悟出来的。

董桥说，中年是一杯下午茶。我读到这句话的时候不过30岁，正在忧伤地听侯德健的《三十以后才明白》，从来没有想过中年离自己到底有多远。

几天前整理书橱，顺手拉过一本董桥的老书，一翻开就碰到这段眼熟的文字，竟突然有了白驹过隙的悚然。

林肯说，人到40岁，就该对自己的长相负责了。这样算来，我对自己负责的日子已经有些年份了……还想到一个故事。美国诗人艾伦·金斯堡早年狂放不羁，是嬉皮士的精神领袖，过了40岁后，居然喜欢西装革履。有人不解地问他，这位老兄说：“我以前不知道西装是这么好看，这么舒服嘛！”

人过了40岁，才突然开始享受寂寞。梁实秋说：“我们在现实的泥涸中打转，寂寞是供人喘息几口的新空气，喘几口之后，还得耐心地低头钻进泥涸里去。最高境界的寂寞，是随缘偶得，无须强求。只要有一刻的寂寞，我便要好好享受。”写出《麦田里的守望者》的塞林格是我喜欢的一个作家，他曾经说：“一个不成熟的男人是为了某种崇高的事业英勇地献身，一个成熟的男人是为了某种高尚的事业而卑贱地活着。”

所有的青春都是在为中年做准备。我今天讲这样的话，年轻的你未必会同意，但我经历过的事实正是如此，在这个中年的午后，你能够安心坐在有春光的草坪上喝一杯上好的龙井茶，你有足够的心境和学识读一本稍稍枯燥的书，有朋友愿意花时间陪你聊天，你可以把时间浪费在看戏、登山、旅游等诸多“无用”的美好事物上，这一切的一切都是有“成本”的，而它们的投资期无一不是在你的青春阶段。

——喝下午茶，对自己的长相负责，西装革履，卑微而平静地活着。

（摘自《读者》2015 年第 17 期）

安静的角落

张　炜

说到安静，我们会觉得这种要求越来越奢侈，除了极少数人，对一般人来说简直是不可能获得的。去哪里都是人流如织，呼号之声震耳，根本没法安静下来。可是人如果一直处在这样的环境里，那会十分可怕，有再多的钱、再高的地位，都不会获得最起码的幸福，更谈不上做人的尊严。

我们现在面临着一个现实，就是进入了数字声像时代。一切都在改变，无论你接不接受，愿不愿意，这都是一个事实，一个客观存在，它的到来让人类猝不及防。有时候我们觉得无非就是多了一些娱乐和广告，无非就是网络输送一些讯息，但是也就在这种日夜不停地输送和堆积之中，巨大的危险把我们覆盖了。它巨大的毁坏力，比核武器来得更隐秘、更长远，后果也更严重。它也许暂时夺不走我们的生命，却会从根本上改变我们的生命，让我们在不知不觉中变成另一种人。它有可能把我们全部的幸福、美好的未来，在暗中窃取一空。

我们看一下现代生活如何提速：出门可以坐高铁和飞机，移动一下鼠标的分秒间接通整个世界。什么生活我们都不陌生，千奇百怪的故事我们都会知道，再加上每个城市出现的各种各样的地方小报、广播，所有人就在这样一个纵横交织的信息空间里活着。无论愿不愿听，愿不愿看，谁都无可回避，都要在这种剧烈旋转和沸腾的状态下存活。

这种加速度使人类失去了基本的、自然的平衡力，变得不知所措，昏头昏脑，没有了准确的方向感和判断力。现代人再也没法慢下来，无法获得宁静，所以也就没有了深入思索的可能，更没有了感悟力，这是非常可悲的，更是非常危急的。

快节奏的生活给我们提供的方便只是一种表面的小利益，更大更致命的剥夺却被我们忽略了。我要问一句：我们获得了更多的幸福吗？因为提速我们节省的时间好像很多，但是省下来的时间又做了什么？没有用来寻找个人的生活、理想的生活，而只是一味模仿机器和技术，想着提速、再提速。我们总是嫌网络慢，因为我们的心已经飞起来，比网络要快得多。人类在各种技术的教唆和引导下，已经慢不下来了。

最后要问的就是：我们能不能在快速旋转的生活中找到一个安静的角落？如果这样的角落真的存在，那么它会属于我们吗？不一定。因为一颗心已经改变了性质，它现在已经慢不下来了。看来我们首先要做的一件大事，就是先改变自己的心，让它稍稍安静一点。我们要更多地到大自然中，接受它的培育。我们如果总是看到挺立的树木、潺潺流动的河水，时间长了，就会变得和它们一样安静和坚定。不要忘了，人类是山川大地的儿女，我们要和诞生自身生命的那个环境相亲相爱，和谐一致起来，这才是人类的根本利益。

安静也是积蓄能量的一个过程。我们许多人到了关键时刻就没有了力量，其中的一个原因就是缺乏一种能量的积蓄。特别是思想的能量，它更是需要安静下来才能获得。任何高深的思想、能够影响世界和历史的思想体系，都是由个体产生的。人多了只会吵成一团，产生不了深刻的思想，因为这时候没有了独处与安静，生命中的大能量无法在心里缓缓聚集。许多人愿意到大城市里去，到人多的地方去，享受所谓的人气。但是他们忘记了，人多的场所也是语言和思想最为平均化的地方。一个人只有退回自己的空间里去，在沉默中，才能够好好地思索，好好地享受属于自己的一段时间。时间这个东西会在匆忙中悄悄流逝。速度越快，节奏越快，时间溜走得也就越快。现代生活的速度实在太快了，我们哪里还有心情去琢磨时间、享受时间，与时间耳鬓厮磨。

时间具有客观性，但不仅仅如此，它还会在感觉当中存在。我们回忆一下就知道，小时候的“一年”是非常缓慢的，可是到了四五十岁以后，“一年”好像缩短了十分之一。因为我们的生命退化了，它已经陈旧，视野里再无新鲜事，外部世界很难留下鲜明的印象，所以一切都飞快地被我们排除到记忆之外，不再咀嚼和享受它了。

我们不停地追逐物质，目标是那些发达国家。如果那里才是我们的未来，那么这个“未来”有可能太漫长了——因为我们可以看到，那里的大部分地区，无论是城镇还是乡村，并不像我们这样闹腾，那里大致还是非常静谧的。可能那里的人和我们不一样，比如他们不那么浮躁和急切，做事情之前，尽可能把一切想好了再做。我们的一些城市是怎样的？今天这条路剖开了，明天那个楼拆掉了，后天又一个区要改造；这个村庄刚刚扒掉，那个新区又在崛起……在一些时髦人士眼里，这恰恰是社会发展和进步的体现。可恰好就是这种“生气”，让我们再也找不到一个休养生息的地方，到处都在吵闹，都是灰头土脸，四下都在建，都在挖，都在拆。

为什么我们不停地拆和建，却很少弄出一座像样的城市？就因为每一次都是对上一次的否定，不停地否定自己，又不停地犯下新的错误。显而易见，我们每一次都没有考虑好，总是匆忙急速地去做。

我们身边总是有一股呼啸而过的巨大噪音，这样下去，会是怎样一种生存？比如我们将没法阅读，因为既没有了安静也没有了时间。看文学作品不能像看电脑一样快速浏览，因为它是语言艺术，需要进入它的语境，随着它的标点符号、语汇调度来享受创作的愉悦，还原它的思想、它在产生那一刻最具有巅峰意义的犀利状态。轰鸣和快速的现代生活中，我们已经失去了正常阅读的条件。人们不再可能理解高雅的艺术和绝妙的艺术，最好的东西被这个时代所冷落，价值标准荡然无存。

这需要我们痛下决心，在飞速旋转的当代生活中争夺一块属于我们个人的空间。这对每个人来说都是一个重要的命题。我们或许会发现，在这个时代里似乎存在着一种生存谋略：那些制造和催促我们飞快旋转的巨大力量，与这个时代却是另一种关系。或者说，那些有巨大资本或权力的人，可以将每个人都安在一个飞速旋转的轮子上，让其日夜不停地飞转，而他们自己躲在世界最安静的某个角落里，好好享受缓慢与安静。与其说这是一种骗局或阴谋，倒不如说是一种天性，一种不自觉的、潜意识里形成的对自身、对生命的保护。这就形成了双重的生活哲学和生存格局。

那就让我们自己动手挽救自己，打破这种格局吧。无论是贫穷还是富有，我们一定要尽可能抓住人生唯一的一次机会，去获得安静的权利。我们也要拥有自己的一杯茶、一本书——我们改变不了别人，却要管住自己。也许面对纷纭复杂的现代世界，对付它的办法以及全部的奥秘，就存在于这两个字之中：安静。

（摘自《读者》2013年第24期）

底层情话

从维熙

2016年年初，我收到一个寄自江西农村的快递邮包。我十分惊愕，因为江西没有我的亲友。打开包裹一看，是一块腌肘子。查看快递单，寄件人叫吴成丰。就在同一天，我去值班室取报纸的时候，值班人员又递给我一个包裹，说是一个湖南女孩送来的，上楼找我，见我不在，便把包裹放在这儿了。我打开一看，是两条湖南产的鱼干。

这两件意外的事儿，给我的生活增添了不少的快意。之所以如此，是因为这是来自遥远南方的情意，赠物人都是年轻的打工族。

给我送咸鱼干的女孩，是我们楼下餐馆的服务员，想必是她春节回乡探亲归来，给我带了家乡特产。平日，我常到这个小餐馆独饮，随手带去的报纸或刊物，看过便顺手送给她。她是来自湖南岳阳地区的高中生，为谋生到北京来打工，生活之艰辛可想而知。我想，给她一些报刊能让她与文化相伴，聊以充实枯燥而单调的生活。城市生活五光十色，每天充满各种诱惑，对于一个来自农村的清纯女孩，好的读物还可以成为防腐剂，让她在奋斗中不至于迷失方向。我想，她送来的家乡特产，可能是对我的一种答谢吧。

通过邮政快递送来猪肘子的是打工者吴成丰，他在邮件附言栏中说，年底家里杀了一头肥猪，寄来刚刚腌好的猪肘，让我尝尝鲜。我想，农村生活相当清苦，杀上一头猪过年，怕是他们一家人新春时节最大的享受了，我怎么能接受这沉甸甸的馈赠呢。但是东西已经寄来了，退回去，无疑会伤他的心；不退回去，那猪肘子让我和妻子如何下咽？妻子想出了一个办法，按快递单上的地址给他家寄去200元钱，我俩忐忑不安的心，这才算安定了下来。但是令人意想不到的是，没过几天，那200元钱又被寄了回来，吴成丰在汇款附言栏里写上了这样的话："老师，你们关心过我的冷暖，给过我精神上的火光。我家虽然很穷，但不能花你们的钱。"我和妻子都愣住了。

吴成丰是装修队里的一个油漆工，我和他的相识，缘起于去年冬天他为我粉刷书房。那是一个北风呼号的日子，室外温度已然降到了零下10摄氏度，妻子看见小吴只穿着一件单衫，出入于楼内楼外搬运涂料，冻得直流清鼻涕，便把我的一件羊毛背心送给了他，让他立刻穿在身上。这个小吴当时挺惹我生气的，他说他不冷，死活不肯收下这件暖身之物，直到我发了脾气，他才把毛背心穿在了身上。也算是"不打不相识"，我觉得这个小青年的自尊心强得有点出格，内心深处似乎对社会有某种仇视。于是，我主动找他聊天，他对我倾吐的话，让我对打工族生活之艰辛，有了更为深刻的了解。原来，小吴为谋生，走遍了大半个中国，曾受过工头的蒙骗，遭遇过路人的白眼，在广州打工期间，还被人打断过肋骨。最让我想象不到的是，他还是个文学迷——他给我带来了他写的两本厚厚的杂记，其中有古诗摘抄，有对当今诗词的针砭，有对为富不仁者的嘲讽，有对童年生活的回忆……如用文学的标尺去丈量，这些胡涂乱抹的文字还远在文学的门槛之外，但从中可以看出他是个有个性、有理想的青年。

我与他聊写作，谈人生。有一天，我特意到民工们同住的屋子里去看望他，并给他带去一些稿纸和几本书。有我初涉文学时的感悟《文学的梦》，有我刚出版不久的长篇小说《龟碑》。在《文学的梦》的扉页上，我特意把英国作家萨克雷在小说《名利场》中的经典之句送给了他："生活好比一面镜子/你对它哭/它也对你哭/你对它笑/它也对你笑。"我说："这几句人生格言曾给过我生活的勇气，现在我转赠给你。"记得小吴读了这几句话后，立刻对我说："这对我太重要了，谢谢你，从老师!"

我的书房装修完毕时，已然接近年底。他回江西老家过年之后，便有了腌猪肘子"飞"到我家的事儿。我曾问过自己：那么多从农村进入城市的打工者，人人都有一本难念的经，你行善行得过来吗？不要说我一个文人，就是政府的民政部门，怕是都难以解决他们的问题。然而我的信条是，只要让我碰上了，就不能视而不见，要尽可能地给他们一些温暖。

我又想起十年前，家里进行过一次装修，九只来自湖北的"九头鸟"，一下子飞进了我的家。说起来可能会让人感到不解，我有时与他们同吃，有时晚上还挤在他们之中，与他们一块儿看电视直到夜深。我这种十分随意的态度，反而让那些"九头鸟"有点不好意思了：

"您老不怕我们脏？很多涂料味道是很难闻的!"

"您老听湖北话是很费劲的，为什么还爱听?"

"您老是不是在体验生活，准备拿我们做模特?"

"我们走了许多城市，还没有见到过您老这样的人呐!"

当时正是夏末秋初，我让他们轮换着到我家里来洗澡。他们中有人病了，我的妻子还尽她医生的天职，为他们打针，让他们服药。我记忆中最难忘的一天，是那年的国庆节，我和"九头鸟"一起喝酒，状若长者与晚辈共欢，还与他们一起拍照。后来我把冲印好的照片，分别送到他们每个人手中。感情交流到此还不算结束，我通过媒体将他们的照片发表在这群湖北娃的老家——黄冈地区的报纸上，让他们的家乡父老都能看到他们的娃儿在北京的生活情况。后来，当这几只"九头鸟"飞到别的城市打工，有的会给我来信，有的路过北京时会给我送来当地的土产，见面后我也一定会把他们留下来，在碰杯中享受与上层酒宴迥然不同的底层之乐。

仔细推敲起来，这似乎是一种精神上的本能，不仅与我出生在农村有关，更与我后来经历过二十年的底层生活有着千丝万缕的关联。我经历过苦难，知道苦难的沉重；我遭遇过别人的白眼，知道白眼丰富的社会内涵。如果今天的我突然变成只会向上看天，而不会向下看地的“势利眼”，那就是我精神的解体和灵魂的堕落!

和这些底层百姓的交往，让我时刻铭记：哪怕是看似最不光鲜、微不足道的一群人，也有着自己的喜怒哀乐，有着细腻美好的情感，他们的内心充满着爱，他们也需要他人的关怀，他们远比我们想象中更加可爱。但愿城市中的文化人都能“向下看”，更多地关注这些打工族的生存状态。

（摘自《读者》2016年第20期）

如何安放我们的心

钱 穆

一

如何保养我们的身体，如何安放我们的心，这是人生问题中最基本的两大问题。前一问题为人兽所共，后一问题乃人类所独。

心总爱离开身向外跑，总是偷闲随便逛，一逛就逛进了所谓神之国。在人类文化历史的演进中，宗教是早有端倪，而且早有基础了。肉体指的是身，灵魂指的是心。心想摆脱身之束缚，逃避为身生活之奴役，自寻它本身心的生活，神的天国是它想望的乐土。任何宗教，都想死后灵魂进天堂。不说有灵魂的佛教，则主张无生，憧憬涅槃。

心离开身，向外闲逛，一逛又逛进了所谓物之邦。科学的萌芽，也就远从人类文化历史之早期便有了。本来要求身生活之安全与丰足，时时要役使心，向物打交道。但心与物的交涉经历了相当久，心便也闯进了物的神秘之内圈，发现了物的种种变态与内情。心的智慧，在这里，又遇见了它自己所喜悦，获得了它自己之满足。它不顾身生活，一意向前跑，跑进物世界，结果对于身生活也会无益而有害。

二

无论如何，我们的心总该有个安放处。相传达摩祖师东来，中国僧人慧可在达摩前自断一手臂，哀求达摩教他如何安他自己的心。慧可这一问，却问到了人类自有文化历史以来真问题之真核心。至少，这一问题是直到近代人人所有的问题，是人人日常所必然遇见，而且各已深切感到的问题。达摩说："你试拿心来，我当为你安。"其实，达摩的解答有一些诡谲。心虽拿不到，我心之感有不安是真的。禅宗的祖师们，并不曾真实解决了人类这问题。禅宗的祖师们，教人试觅心。以心觅心，正如骑驴寻驴。心便在这里，此刻叫你把此心去再觅心，于是证实了他们无心的主张，那是一种欺人的把戏。所以禅宗虽曾盛行了一时，人类还是在要求如何安放心。

宋代的道学先生们，又教我们心要放在腔子里，那是不错的。但心的腔子是什么呢？我想该就是我们的身。心总想离开身，往外跑。跑出腔子，飘飘荡荡，会没有个安放处。何止是没处安放？没有了身，必然会没有心。但人类的心早已不愿常为仆役，早已不愿仅供身生活做驱遣。而且身生活其实也是易满足，易安排的。人类的心，早已为身生活安排下一种过得去的生活了。身生活已得满足，也不再要驱遣心。心闲着无事，哪能禁止它向外跑。人类为要安排身生活，早已常常驱遣它向外跑，此刻它已向外跑惯了。身常驱遣心，要它向外跑，跑惯了，再也关不住。然则如何又教人心要放在腔子里？

三

人心不能尽向神，尽向神不是一个好安放；人心不能尽向物，尽向物也不是个好安放。人心又不能老封闭在身，专制它，使它只为身生活做工具，被奴役，这将使人类重回到禽兽。如是则我们究将把我们的心如何安放呢？慧可的问题，我们仍还要提起。

中国的孔子，他不领导心向神，也不领导心向物，他牖启了人心一新趋向。孔子的教训在中国人听来，似是老生常谈，平淡无奇。但就世界人类文化历史看，孔子所牖启人心的，却实在是一个新趋向。他牖启心走向心，教人心安放在人心里。他教各个人的心，走向别人的心里找安顿，找归宿。父的心，走向子的心里成为慈；子的心，走向父的心里成为孝；朋友的心，走向朋友的心里成为忠与恕。心走向心，便是孔子之所谓仁。心走向神，走向物，总感觉是羁旅他乡。心走向心，才始感到是它自己的同类，是它自己的相知，因此是它自己的乐土。而且心走向心，又使心始终在它腔子内，始终不离开它的寄寓之所身。父的心走向子的心，他将不仅关切自己的身，并会关切到子之身。子的心走向父的心，他将不仅关切自己的身，并也会关切到父之身。如是则身心还是和合，还是相亲近，相照顾。并不要摆脱抛弃身生活来蕲求心生活之自由与独立，心生活只在身生活中觅得它自由与独立之新园地。这是孔子教训之独特处，也是中国文化之独特处。

四

心与神、与物和合为一了，那是心之大解放，那是心之大安顿。其枢纽在把自己的心量扩大，把心之情感与理智同时扩大。如何把心之情感与理智同时扩大呢？主要在心走向心，先把自己的心走向别人心里去。自己心走向他人心，他将会感到他人心还如自己心，他人心还是在自己的心里。慈父会感到儿子心还在他心里，孝子会感到父母心也在他心里。因此才感到死人的心也还仍在活人的心里。

如是则历史心、文化心，还只是自己现前当下的心；自己现前当下的心，也还是历史心与文化心，如是之谓人心不死。

（摘自《读者》2012 年第 15 期）

三种人生态度

梁漱溟

“人生态度”是指人日常生活的倾向，向深里讲，即入了哲学范围；向粗浅里说，也不难明白。依中国的分法，将人生态度分为“出世”与“入世”两种，但我嫌其笼统，不如三分法较为详尽适中。我们仔细分析：人生态度之深浅、曲折、偏正……各式各种都有，而各时代、各民族、各社会，亦皆有其各种不同之精神，故欲求不笼统，而究竟难免于笼统。我们现在所用之三分法，亦不过是比较适中的办法而已。

按三分法，第一种人生态度，可用“逐求”二字以表示之。此意即谓人于现实生活中逐求不已，如：饮食、宴安、名誉、声、色、货、利等，一面受趣味引诱，一面受问题刺激，颠倒迷离于苦乐中，与其他生物亦无所异。此第一种人生态度（逐求），能够彻底做到家，发挥至最高点者，即为近代之西洋人。他们纯为向外用力，两眼直向前看，逐求于物质享受，其征服自然之威力实甚伟大，最值得令人拍掌称赞。他们并且能将此第一种人生态度理智化，使之成为一套理论——哲学。其可为代表者，是美国杜威之实验主义，他很能细密地寻求出学理的基础来。

第二种人生态度为“厌离”的人生态度。第一种人生态度为人对于物的问题，第三种人生态度为人对于人的问题，此则为人对于自己本身的问题。人与其他动物不同，其他动物全走本能道路，而人则走理智道路，其理智作用特别发达。其最特殊之点，即在回转头来反看自己，此为一切生物之所不及于人者。当人转回头来冷静地观察其生活时，即觉得人生太苦，一方面自己为饮食男女及一切欲望所纠缠，不能不有许多痛苦；而在另一方面，社会上又充满了无限的偏私、嫉妒、仇怨、计较，以及生离死别种种现象，更足使人觉得人生太无意思。如是，乃产生一种厌离人世的人生态度，此态度为人人所同有。世俗之愚夫愚妇皆有此想，因愚夫愚妇亦能回头想，回头想时，便欲厌离。但此种人生态度虽为人人所同具，而所分别者即在程度上深浅之差，只看彻底不彻底，到家不到家而已。此种厌离的人生态度，为许多宗教之所由生。最能发挥到家者，厥为印度人。印度人最奇怪，其整个生活，完全为宗教生活。他们最彻底、最完全，其中最通透者为佛家。

第三种人生态度，可以用“郑重”二字以表示之。郑重的态度，又可分为两层来说：其一，为不反观自己时——向外用力；其二，为回头看自家时——向内用力。未曾回头看而自然有的郑重态度，即儿童之天真烂漫的生活。儿童对其生活，有天然之郑重与天然之不忽略，故谓之天真。真者真切，天者天然，即顺从其生命之自然流行也。于此处我特别提出儿童来说者，因我在此所用之“郑重”一词似太严重，其实并不严重，我之所谓“郑重”，实即自觉地听其生命之自然流行，求其自然合理耳。“郑重”即是将全副精神照顾当下，如儿童之能将其生活放在当下，无前无后，一心一意，绝不知道回头反看，一味听从于生命之自然的发挥，几与向前逐求差不多少，但确有分别。此系言浅一层。

更深而言之，反回头来看生活而郑重生活，这才是真正的郑重。这条路发挥得最到家的，即为中国之儒家。此种人生态度亦甚简单，主要意义即是教人“自觉地尽力去生活”。此话虽平常，但一切儒家之道理尽包含在内，如后来儒家之“寡欲”“节欲”“窒欲”等说，都是要人清楚地自觉地尽力于当下的生活。儒家最反对仰赖于外力之催逼与外边趣味之引诱往前生活。引诱向前生活，为被动的、逐求的，而非为自觉自主的。儒家之所以排斥欲望，即以欲望为逐求的、非自觉的，不是尽力量去生活。此话可以包含一切道理，如“正心诚意”“慎独”“仁义”“忠恕”等，都是以自觉的力量去生活。再如普通所谓“仁至义尽”“心情俱到”等，亦皆此意。

此三种人生态度，每种态度皆有浅深。浅的厌离不能与深的逐求相比。逐求是世俗的路，郑重是道德的路，而厌离则为宗教的路。将此三者排列而为比较，当以逐求态度为较浅，以郑重与厌离两种态度相较，则郑重较难，从逐求态度进步转变到郑重态度自然也可能，但很不容易。普通都是由逐求态度折到厌离态度，从厌离态度再转入郑重态度，宋明之理学家大多如此，所谓出入儒释，都是经过厌离生活，然后重又归来尽力于当下之生活。即以我言，亦恰如此。在我十几岁时，极接近于实利主义，后转入佛家，最后方归于儒家。厌离之情殊为深刻，由是转过来才能尽力于生活；否则便会落于逐求，落于假的尽力。故非心里极干净，无纤毫贪求之念，不能尽力生活。而真的尽力生活，又每在经过厌离之后。

（摘自《读者》2014 年第 13 期）

黄大年的“万有引力”

王梦影

2017年1月8日，地球物理学家黄大年终于停下了追赶的脚步。胆管癌手术后的并发症将他的生命定格在58岁。

自2010年回国以来，这位“千人计划”科学家一直在向前冲。他那位于吉林大学地质宫507的办公室墙上贴着12张A4纸拼成的日程表，表上几乎每个格子都填满了。没人知道这张时间表的全貌，这个敦实的中年男人也很少谈起。航空重力测量技术可能是这张表格中的重要部分。

据吉林大学地探学院副教授马国庆介绍，地球的磁场是一张大网。“磁场之网”亿万年来绵延过海底与平原，记录着永不磨灭的信息，也能捕捉到雷达静默的潜艇尾旋掀起的细沫。

科学家通过重力计算“磁场之网”的信息，我国在这方面的理论也有所发展，但难点在工程应用上。重力梯度仪搭载在飞机上，需要在高速移动中对地穿透，精确感知毫厘之差。

2004 年，作为英国剑桥 ARKeX 地球物理公司的研发部主任，黄大年就曾与美国专家联手攻关。他手下是一支包括英国科学院院士在内的 300 人的精英团队。

3 年后他回国，马国庆是他带的第一批博士生之一。师徒二人共同研发中国自己的重力梯度仪。项目中还有一些更年轻的师生，他们中大多数人是第一次接触这种技术。

他们在地质宫拥有一间办公室。黄大年对这间办公室很满意，他凭窗眺望，能看到少年时代的风景。可屋子毕竟太老了。有一次地探学院党委书记黄忠民雨天拜访，看见电脑和重要资料上蒙着塑料布，房间四角有塑料盆接着滴答滴答的水。

“都这样了，你干脆回家休息吧。”黄忠民乐了。

“不行啊，工作干不完。”

黄大年去世前，团队对于重力梯度仪的研究已到了工程样机阶段。在数据获取的能力和精度上，我国与国际的差距至少缩短了 10 年，在算法上则达到了与国际持平的水平。

回国不到一年，黄大年就急着和吉林大学机械学院的老师联系，想要联合研发重载荷物探专用无人机，用于移动平台探测。

居然就让他谈成了。

在马国庆眼中，老师有着西方式的直接，“执行力超强”，很少浪费时间斟酌成功率。会议上遇到感兴趣的专家，一定要拦住人家聊聊，不管认不认识。遇到想不明白的问题，也总要千方百计去找懂行的请教。

黄大年的尝试不止于此。他涉猎颇杂，对很多前沿领域的发展都有兴趣。在他心里，又有太多学科可以与地球物理发生联系。2016 年 9 月，一个由辐射地学部、医学部、物理学院、汽车学院、机械学院、计算机学院、国际政治系等组成的吉林大学新兴交叉学科学部成立，黄大年担任了首任学部长。

“大年的这个战略设想涉及卫星通信、汽车设计、大数据交流、机器人研发等领域的研究，可在传统学科基础上衍生出新方向，有望带动上千亿元的产业项目。”现任吉林大学新兴交叉学科学部副学部长马芳武曾这样评价。

卢鹏羽是这个学部的首批受益者之一。这位吉林大学硕士生既是地探学院的一员，又在计算机学院做科研。他的工作是结合地探数据，利用计算机建模，将地球磁场的大网变成视觉图像。

横跨两个专业，卢鹏羽一度有点迷惘：面对的图景太过宏大，未来又太遥远，不知道自己的位置在哪里。他最终选择朝导师指明的方向追赶。几年下来他发现，自己没走丢。

“黄老师是一个实用的理想主义者。”卢鹏羽想了一会儿说。

2010 年，黄大年出任吉林大学“李四光实验班”的班主任。这个班级选拔本科学生，旨在培养一批地探科学的预备军。英语水平是选拔考试的重要标准之一。

这位新晋班主任常常请地探领域的国际牛人来长春，为自己的学生讲课。

“一定要出去，出去以后一定要回来。”这是黄大年经常挂在嘴边的一句叮嘱。

学生周文月有时觉得，老师脑海中的时间表已经超过了他的生命长度，他在学生身上寄托了一个更宏大的未来。

本科毕业论文，周文月定了一个特别大的题目：汶川地震的地球磁场研究。黄大年很认可：国家需要这样的研究！他清楚这个题目对于一个本科生来说难度太大，便拜托马国庆出差时收集数据供周文月使用。

“他就是要把我领进门，让我体验一下有价值的研究是什么样的。”她慢慢反应过来。

和时下的风潮不同，黄大年的学生从不管自己的导师叫“老板”。惜时如金的黄大年也从不吝啬和学生在一起的时间。他们在地质宫暗黄色的水晶灯下高呼着号子拔河，在初春的巷口烧烤——黄大年还特意把车子开来挡住风，车载音响放起《斯卡布罗集市》助兴。他爱摄影，去哪里总是背着沉重的器材，指挥着大伙摆造型。

在黄大年这里，只有一件事是开不得一点玩笑的——科研。黄大年给周文月博士论文的批注总是密密麻麻，连标点符号的错误都逃不过他的眼睛。一次正讨论时，黄大年突然一把盖住摊开的论文，笑嘻嘻地问她："你别看，记得我改了什么吗?"

后来周文月才知道，黄大年少年时期与父亲通信，信总是被批注得密密麻麻再连同回复一并寄回。再相见，在广西地质学校做老师的父亲也常这样突然盖住被改过的信，问："你别看，记得我改了什么吗?"

2016年11月29日，黄大年在北京飞往成都的飞机上昏了过去。回长春后，他被检查出胆管癌。在他生命最后的岁月里，护士长常发现这位教授在用力思考：躺在床上背对着门，身体绷得像拉满的弓。

黄大年去世后，马国庆接手了老师一系列未完成的工程。他离开实验室的时间越来越晚，午餐也总是以面包充饥。师弟师妹私下觉得，这位总爱开玩笑的大师兄神态越来越像老师了。

周文月最近则常常忙于接待——采访和参观的人太多。她每天清早起床，推迟回宿舍的时间，用早晚的时间把科研工作补上："怕黄老师看到我懈怠。"有时深夜寂静，走廊黑黢黢的，只有自己的办公室亮着灯，她想起黄大年常说的"地质宫里有中国地探科学的灵魂"便十分安心。她正在稳步推进"一定要出去，一定要回来"的前半部分。这位"李四光班"的学生从地质宫的窗口望出去，正是恩师少年时注视过的盛夏光景。

（摘自《读者》2018年第4期）

进入无垠广袤的人生

陈 芳 王 丽 董瑞丰 刘宏宇 齐 健

20 多年只做一件事

1945 年出生的南仁东，一生极富传奇色彩。从清华大学无线电系毕业后，他在东北一家无线电厂一干就是 10 年。改革开放后，他代表中国天文学界的专家，在国外著名大学当过客座教授、做过访问学者，还参加过 10 国大射电望远镜计划。这位驰骋于国际天文学界的科学家，曾得到美国、日本天文学界的青睐，却在 20 世纪 90 年代中期，毅然舍弃高薪，回国就任中国科学院北京天文台副台长。

南仁东留八字胡，个子不高，嗓音浑厚，精神头十足，总是特别有气场。寻找外星生命，在别人眼中当不得真，这位世界知名的天文学家，却在电脑里存了好几个 G 的资料，能把专业人士都说得着了迷。自从建“中国天眼”的念头从心里生出来，南仁东就像上紧了发条一样。

选址、论证、立项、建设，哪一步都不容易。有人告诉他，贵州的喀斯特洼地多，能选出性价比最高的“天眼”台址，南仁东就立马踏上从北京开往贵州的火车。绿皮火车咣当咣当地走了近 50 个小时，他来来回回地坐着，不觉间车轮就滚过了 10 年。从 1994 年到 2005 年，南仁东走遍了贵州大山里的上百个窝凼。在乱石密布的喀斯特石山里，不少地方连路都没有，只能从石头缝间的灌木丛中深一脚、浅一脚地挪过去。1998 年夏天，南仁东下窝凼时，瓢泼大雨从天而降，山洪裹着沙石，能连人带树一起冲走。南仁东往嘴里塞了救心丸，连滚带爬地回到垭口。时任贵州平塘县副县长的王佐培，负责联络望远镜选址，第一次见到这位天文学家，不由得赞叹他太能吃苦。人走在七八十度的陡坡上，就像挂在山腰间，要是抓不住石头或树枝，一不留神就会摔下去。"

建“天眼”之艰，不只有选址，还有工程预算。有那么几年时间，南仁东成了一名“推销员”，无论大会小会、国内国外，逢人就推销“天眼”项目。

“天眼”成了南仁东倾注心血的孩子。他不再有时间打牌、唱歌，说话变得开门见山。审核“天眼”方案时，不懂岩土工程的南仁东，用了 1 个月埋头学习，对每一张图纸都仔细审核、反复计算。

“20 多年来他只做这一件事。”南仁东病逝的消息传来，国家天文台台长严俊把自己关在屋里哭了一场，“‘天眼’项目就像为南仁东而生，也燃烧了他最后 20 多年的人生。”

一直在跟自己较劲

“天眼”曾是一项大胆到有些突兀的计划。20 世纪 90 年代初，中国最大的射电望远镜口径不到 30 米。与美国搜寻地外文明研究所的“凤凰计划”相比，口径 500 米的“中国天眼”，可将类太阳星巡视目标至少扩大 5 倍。这个世界独一无二的项目，不仅有关天文学，还将叩问人类、自然和宇宙的亘古之谜。在不少人看来，这简直是空中楼阁。“一项野心勃勃的计划。”国外同行这样评价。

中国人为什么不能做？南仁东骨子里不服。“对他而言，中国需要这样一个望远镜，他扛起这个责任，就有了一种使命感。”“天眼”工程副经理张蜀新与南仁东的接触越多，就越理解他。

“天眼”是一项庞大的系统工程，对于涉及的每一个领域，专家都会提各种意见，南仁东必须做出决策。这位首席科学家、总工程师，自认为是一个“战术型的老工人”。对于每个细节，南仁东都要百分之百肯定的结果。如果没有解决，就一直盯着，任何瑕疵在他那里都不会被放过去。工程伊始，要建一个水窖。施工方送来设计图纸，他迅速标出几处错误，并打了回去。施工方惊讶极了：“这个搞天文的科学家还懂土建?”

“天眼”总工艺师王启明说，科学要求精度，精度越高，性能越好；可对工程建设来说，精度提高一点，施工难度就可能成倍增加。南仁东要在二者之间求得平衡，不是一件容易的事。他有一次跟张蜀新说：“你以为我天生什么都懂吗？其实我每天都在学。”

2010 年，因为索网（“天眼”反射面的支撑体——编者注）的疲劳问题，“天眼”经历了一场灾难性的风险。时年 65 岁的南仁东寝食不安，天天在现场与技术人员沟通。对于工艺、材料，“天眼”的要求是现有国家标准的 20 倍以上，哪有现成的技术可以依赖？南仁东和其他工作人员日夜奋战 700 多天，经历近百次失败，方才化险为夷。大窝凼施工现场，工棚是 3 栋呈 C 形摆放的钢板房，一眼就能看出工地上的生活极其俭朴。每个房间住 4 个人，浴室、厕所是公用的，食堂里做的是大锅饭。大家说，南老师也过着这样的集体生活。

2015 年，已经 70 岁的南仁东被查出患有肺癌，接受了第一次手术。之后，家人让他住到郊区的一个小院静养身体。一次，他的学生、国家天文台研究员苏彦去看他。苏彦宽慰南仁东，说他终于可以过清闲日子了。往日里健谈的南仁东，过了半晌，才说了一句“像坐牢一样”。身边的人都说，为了“天眼”这个世界独一无二的项目，他一直在跟自己较劲。

对世界有一颗柔软的心

面容沧桑、皮肤黝黑，这位外貌粗犷的科学家，对世界却有一颗柔软的心。

“天眼”馈源支撑塔施工期间，南仁东得知施工人员大部分来自云南的贫困山区，生活非常艰难，便悄悄打电话给“天眼”工程现场的工程师雷政，请他了解工人们的身高、腰围等情况。当南仁东第二次来到工地时，随身带了一个大箱子。当晚他和雷政提着箱子去了工人的宿舍，打开箱子，里面都是他为工人们买的T恤、休闲裤和鞋子。南仁东说：“这是我跟老伴儿去市场挑的，大伙儿别嫌弃……”回来的路上，南仁东对雷政说：“他们都太不容易了。”

第一次去大窝凼，爬到垭口的时候，南仁东遇到了放学的孩子们。他们那单薄的衣衫、可爱的笑容，触动了南仁东的心。回到北京，南仁东就给县干部张智勇寄去一封信。“打开信封，里面装着500元。南老师嘱托我，把钱给卡罗小学最贫困的孩子。他连着寄了四五年，资助了七八个学生。”张智勇说。

在南仁东的学生们眼中，他就像一个既严厉又和蔼的父亲。2013年，南仁东和他的助理姜鹏经常从北京跑到柳州做实验，有时几个月内要跑五六趟，目的是解决一个10年都未解决的难题。后来，这个问题终于解决了。“我太高兴了，以至于有些得意忘形。当我第三次说‘我太高兴了’时，他猛浇了我一盆冷水，提醒我作为科学工作者，一定要保持冷静。”姜鹏说。

2017年4月底，南仁东的病情加重，进入人生倒计时阶段。当时，他的学生甘恒谦正在医院接受一个脚部小手术。一天，甘恒谦发现老师南仁东和夫人拎着慰问品来病房看他，这让他既惊讶又感动。

有几句诗，是南仁东写给自己和这个世界的：

美丽的宇宙太空以它的神秘和绚丽，召唤我们踏过平庸，进入它无垠的广袤。

（摘自《读者》2018年第9期）

幸福究竟在哪里

刘植荣

中央电视台记者曾采访获得诺贝尔文学奖的莫言，问道：“您幸福吗？”莫言答：“我不知道。”央视记者也曾问一位73岁的拾荒老人：“您觉得您幸福吗？”老人答：“我耳朵不好。”当央视追问一外出打工者“您幸福吗”时，这位农民工茫然地说：“我姓曾。”不少网友表示，这看似无厘头的回答，背后却有无尽的辛酸和沉重。

尽管幸福难以名状，人们却一直追求着幸福，正如法国启蒙思想家卢梭所说：“人类活动的唯一动机就是追求自身的幸福。”

人对幸福的追求是无止境的，这与美国心理学家马斯洛提出的“需求层次理论”相对应。马斯洛认为，人的需求分为5个层次，由低到高分别是生理需求、安全需求、情感需求、尊重需求和自我实现需求。

生理需求就是饥有所食，寒有所衣，住有所居，病有所医，老有所养，这是人活着的最基本的需求，也是最基本的人权。当生理需求得到满足后，人便有了最原始的幸福感。

吃、穿、住、医、养等生理需求得到满足后，人又会产生对安全的需求，要求一个没有威胁的生存环境，过安宁的生活，也就是央视做幸福调查时一位受访者所说的“生活有保障，没有后顾之忧”。此时，安全感就成了衡量人幸福与否的一个新的指标。如果某一国家有人认为没有安全感，不幸福，便会移民到另一个国家去生活。移民，正是人们对幸福的追求，这就是人们常说的“用脚投票”。

人是感情动物，生理需求和安全需求一旦得到满足，便又有了对幸福的新的追求，那就是情感需求：家庭成员之间的关爱、朋友之间的友谊、公民之间的和睦。人对情感的需求，其实就是一个字“爱”。人只有感受到有人、有组织、有社会的关爱，他才会感到幸福，也就是法国浪漫主义作家雨果所说的“生活中最大的幸福，是坚信有人爱我们”，也是墨子早就提出的“天下之人皆相爱，强不执弱，众不劫寡，富不侮贫，贵不敖贱，诈不欺愚”。

人对幸福的追求不会仅停留在满足前三个层次的需求上，人还有被尊重的需求，就是要求自己得到社会的尊重，实现自己的社会属性，成为一个“公民”。这也是和谐社会的基本标志，不管是官员还是百姓，不管是富人还是穷人，人们都彼此尊重，尊重对方的人格，尊重对方的人权。世界上包括中国在内的几乎所有国家的宪法，都规定了公民享有言论、出版、集会、结社、游行、示威和宗教信仰等自由，其目的就是尊重所有公民的意愿表达，确保公民从受尊重中感受到幸福。

最让人有幸福感的是满足自我实现需求。自我实现是人最高层次的需求，它是指人在不受胁迫、没有外部压力的情况下，自由地做自己喜欢的事情，并达到自己设定的目标。自我实现是人类由必然王国向自由王国的飞跃。从主观上讲，它能让人的各种潜能得到彻底发挥；从客观上讲，它促进了社会文明的发展。

人类历史上众多的发明创造和新思想、新流派的形成，都是在个人的自我实现中实现的，发明家凭借自己的兴趣进行科学研究，思想家凭借自己的某种社会愿望而求索。正如英国20世纪伟大学者伯特兰·罗素所说：“真正令人满意的幸福总是伴随着充分发挥自身的才能来改变世界。”从以上分析可以看出，人的幸福感与他所在的各种环境休戚相关，包括家庭环境、工作环境、社区环境、生态环境、社会环境等。

例如，一个人在某公司工作，月薪5000元，但老板对员工漠不关心，只向员工要效益，同事间尔虞我诈，互相猜疑，互相拆台，那他就感受不到幸福。如果他跳槽到另一家公司，月薪同样是5000元，但老板不仅关心员工的工作，也关心员工的生活，关心员工的进步和发展，同事间关系融洽，彼此信任，团结互助，在这样的环境里，他立刻有了幸福感。由此可见，当人的生理需求得到满足后，只靠增加收入是无法增进幸福感的，必须改善各种环境，满足人们对幸福的不断追求。上升到国家层面，发展经济的终极目的，是让人们生活得更幸福，而不是发展经济本身。如果GDP在蹿升，可人们的幸福感却在下降，这说明发展经济的方向出了偏差，产生效率的同时却付出了公平的代价。一个社会最怕的就是贫富差距过大，因为过大的贫富差距不但会诱发各种犯罪，还会让社会各阶层之间充满仇恨，穷人和富人都不会感到幸福。穷人认为自己受到了富人的剥削，受到了社会的歧视，即使他们的物质生活得到十足的改善，他们照样缺乏幸福感，因为他们在与周围的富人比较，尤其是那些不劳而获、靠不正当手段致富的人。富人纵然有金山一座，但同样也不会幸福，因为他们没有安全感，在家到处安装监控，出行雇保镖，成年累月生活在惶恐之中。

所以，中国未来的经济发展，一定要让效益让位于公平，在制定收入分配体制改革总体方案时，要着实解决分配差距过大的问题，切实提高农民和被边缘化的市民的收入水平，化解由收入分配不公引发的各种社会矛盾，增进全体民众的幸福感。

（摘自《读者》2015年第6期）

提醒幸福

毕淑敏

我们从小就习惯了在提醒中过日子。天气刚有一丝风吹草动，妈妈就说，别忘了多穿衣服。才相识了一个朋友，爸爸就说，小心他是个骗子。你取得了一点成功，还没容得乐出声来，所有关切着你的人一起说，别骄傲！你沉浸在欢快中的时候，自己不停地对自己说："千万不可太高兴，苦难也许马上就要降临……"

我们已经习惯了在提醒中过日子。看得见的恐惧和看不见的恐惧始终像乌鸦盘旋在头顶。

在皓月当空的良宵，提醒会走出来对你说：注意风暴。于是我们忽略了皎洁的月光，急急忙忙做好风暴来临前的一切准备。当我们大睁着眼睛枕戈待旦之时，风暴却像迟归的羊群，不知在哪里徘徊。当我们实在忍受不了等待灾难的煎熬时，我们甚至会恶意地祈盼风暴早些到来。

风暴终于姗姗地来了。我们怅然发现，所做的准备多半是没有用的。事先能够抵御的风险毕竟有限，世上无法预计的灾难却是无限的。战胜灾难靠的更多的是临门一脚，先前的惴惴不安帮不上忙。

当风暴的尾巴终于远去，我们守住零乱的家园。气还没有喘匀，新的提醒又智慧地响起来，我们又开始对未来充满恐惧的期待。

人生总是有灾难。其实大多数人早已练就了对灾难的从容，我们只是还没有学会灾难间隙的快活。我们太多注重了自己警觉苦难，我们太忽视提醒幸福。

请从此注意幸福！

幸福也需要提醒吗？

提醒注意跌倒……提醒注意路滑……提醒受骗上当……提醒荣辱不惊……先哲们提醒了我们一万零一次，却不提醒我们幸福。

也许他们认为幸福不提醒也跑不了的。也许他们以为好的东西你自会珍惜，犯不上谆谆告诫。也许他们太崇尚血与火，觉得幸福无足挂齿。他们总是站在危崖上，指点我们逃离未来的苦难。

但避去苦难之后的时间是什么？

那就是幸福啊！

享受幸福是需要学习的，当幸福即将来临的时刻需要提醒。人可以自然而然地学会感官的享乐，人却无法天生地掌握幸福的韵律。灵魂的快意同器官的舒适像一对孪生兄弟，时而相傍相依，时而南辕北辙。

幸福是一种心灵的振颤。它像会倾听音乐的耳朵一样，需要不断地训练。

简言之，幸福就是没有痛苦的时刻。它出现的频率并不像我们想象的那样少。人们常常只是在幸福的金马车已经驶过去很远，捡起地上的金鬃毛说，原来我见过它。

人们喜爱回味幸福的标本，却忽略幸福披着露水散发清香的时刻。那时候我们往往步履匆匆，瞻前顾后不知在忙着什么。

世上有预报台风的，有预报蝗虫的，有预报瘟疫的，有预报地震的。没有人预报幸福。

其实幸福和世界万物一样，有它的征兆。

幸福常常是朦胧的，很有节制地向我们喷洒甘霖。你不要总希冀轰轰烈烈的幸福，它多半只是悄悄地扑面而来。你也不要企图把水龙头拧得更大，使幸福很快地流失。而需静静地以平和之心，体验幸福的真谛。

幸福绝大多数是朴素的。它不会像信号弹似的，在很高的天际闪烁红色的光芒。它披着本色外衣，亲切温暖地包裹起我们。

幸福不喜欢喧嚣浮华，常常在暗淡中降临。贫困中相濡以沫的一块糕饼，患难中心心相印的一个眼神，父亲一次粗糙的抚摸，女友一个温馨的字条……这都是千金难买的幸福啊。像一粒粒缀在旧绸子上的红宝石，在凄凉中愈发熠熠夺目。

幸福有时会同我们开一个玩笑，乔装打扮而来。机遇、友情、成功、团圆……它们都酷似幸福，但它们并不等同于幸福。幸福会借了它们的衣裙，袅袅婷婷而来，走得近了，揭去帏幔，才发觉它有钢铁般的内核。幸福有时会很短暂，不像苦难似的笼罩天空。如果把人生的苦难和幸福分置天平两端，苦难体积庞大，幸福可能只是一块小小的矿石。但指针一定要向幸福这一侧倾斜，因为它有生命的黄金。

幸福有梯形的切面，它可以扩大也可以缩小，就看你是否珍惜。

我们要提高对于幸福的警惕，当它到来的时刻，激情地享受每一分钟。据科学家研究，有意注意的结果比无意要好得多。

当春天来临的时候，我们要对自己说，这是春天啦！心里就会泛起茸茸的绿意。

幸福的时候，我们要对自己说，请记住这一刻！幸福就会长久地伴随我们。

那我们岂不是拥有了更多的幸福！

所以，丰收的季节，先不要去想可能的灾年，我们还有漫长的冬季来得及考虑这件事。我们要和朋友们跳舞唱歌，渲染喜悦。既然种子已经回报了汗水，我们就有权沉浸幸福。不要管以后的风霜雨雪，让我们先把麦子磨成面粉，烘一个香喷喷的面包。

所以，当我们从天涯海角相聚在一起的时候，请不要踌躇片刻后的别离。在今后漫长的岁月里，有无数孤寂的夜晚可以独自品尝愁绪。现在的每一分钟，都让它像纯净的酒精，燃烧成幸福的淡蓝色火焰，不留一丝渣滓。让我们一起举杯，说：我们幸福。

所以，当我们守候在年迈的父母膝下时，哪怕他们鬓发苍苍，哪怕他们垂垂老矣，你都要有勇气对自己说：我很幸福。因为天地无常，总有一天你会失去他们，会无限追悔此刻的时光。

幸福并不与财富地位声望婚姻同步，这只是你心灵的感觉。

所以，当我们一无所有的时候，我们也能够说：我很幸福。因为我们还有健康的身体。当我们不再享有健康的时候，那些最勇敢的人可以依然微笑着说：我很幸福。因为我还有一颗健康的心。甚至当我们连心也不再存在的时候，那些人类最优秀的分子仍旧可以对宇宙大声说：我很幸福。因为我曾经生活过。

常常提醒自己注意幸福，就像在寒冷的日子里经常看看太阳，心就不知不觉暖洋洋亮光光。

（摘自《读者》1995 年第 2 期）

致　谢

盛夏又至。窗外草木繁盛，绿树成荫，让人感触到了生命的蓬勃与绽放。回想去年这个时节，我们推出了《读者丛书·社会主义核心价值观读本》。丛书一经推出，不仅得到了广大读者的一致认可，而且获得了业界的广泛好评，被称为是一套“用好故事拨动时代心弦”的好书。今年盛夏，我们带着梦想再次出发，开始了新的征程与探索……

继《读者丛书·社会主义核心价值观读本》成功出版发行之后，甘肃人民出版社又策划了《读者丛书·中国梦读本》。丛书以读者品牌为引领，围绕“寻梦追梦、中国道路、中国精神、人民梦想、实干兴邦”等主题，从各种图书、报刊、网站上精选了500多篇美文汇编成册，每册突显一个主题，奉献给广大读者。在丛书策划、编辑出版过程中，得到了中共甘肃省委宣传部、甘肃省新闻出版广电局以及读者出版集团、读者杂志社等多方的指导和帮助，在此深表谢意！与此同时,丛书的编撰也得到了绝大多数作者的理解和支持,他们对作品的授权选编和对丛书的一致认可使我们消除了后顾之忧,对此我们表示诚挚的谢意!虽然我们尽力想把工作做得更细致更扎实些,但因为种种原因依然未能联系到部分作者,对此我们深表歉意,也请这些作者见到图书后与我们联系。我们的联系方式是:甘肃人民出版社(甘肃省兰州市读者大道568号,730030,联系人:马海亮,0931—8773343)。

《读者丛书·中国梦读本》是我们送给筑梦路上人们的美好希冀和前行的精神动力。当您打开这套丛书的时候,您可以看到仁人志士在寻梦路上用生命和鲜血书写的人生丰碑,也可以感受到几代科学家在强国路上的无私和献身精神;还可以看到普通人在追梦路上的辛勤汗水……是他们,用自己的牺牲和奉献默默无闻地支撑起中国梦。您就更加清楚:我们比任何时候都更接近梦想!

身为出版人,我们深知,要做一本好书,不仅要有好的主题,好的构思、立意,更要有好的故事。因此,利用“读者”的品牌影响力,以“读者+”的形式述说时代主题成为我们新的出版理念。换言之,就是秉持《读者》“清新、隽永、朴实、平民”的风格和“真、善、美”价值标准,用一个个好故事拨动我们这个时代的“心弦”,倾听我们这个时代的脉搏。我们相信,这一个个好故事,犹如一粒粒种子,将会在每一位读者心中生根、发芽,最后成为一棵棵参天大树。

这是我们读者人的中国梦!也是我们所有出版人的中国梦!

读者丛书编辑组

2018年6月